Tirso de Molina

Averígüelo Vargas

Barcelona 2024
Linkgua-ediciones.com

Créditos

Título original: Averígüelo Vargas.

e-mail: info@linkgua.com

Diseño de cubierta: Michel Mallard

ISBN tapa dura: 978-84-9897-294-8.
ISBN rústica: 978-84-9816-485-5.
ISBN ebook: 978-84-9897-129-3.

Sumario

Brevísima presentación

La vida

Tirso de Molina (Madrid, 1583-Almazán, Soria, 1648). España.

Se dice que era hijo bastardo del duque de Osuna, pero otros lo niegan. Se sabe poco de su vida hasta su ingreso como novicio en la Orden mercedaria, en 1600, y su profesión al año siguiente en Guadalajara. Parece que había escrito comedias y por entonces viajó por Galicia y Portugal. En 1614 sufrió su primer destierro de la corte por sus sátiras contra la nobleza. Dos años más tarde fue enviado a la Hispaniola (actual República Dominicana) y regresó en 1618. Su vocación artística y su actitud contraria a los cenáculos culteranos no facilitó sus relaciones con las autoridades. En 1625, el Concejo de Castilla lo amonestó por escribir comedias y le prohibió volver a hacerlo bajo amenaza de excomunión. Desde entonces solo escribió tres nuevas piezas y consagró el resto de su vida a las tareas de la orden.

Personajes

Acompañamiento
Acuña, caballero
Caballeros
Cabello, pastor
Criados
Don Alfonso de Abrantes, [el gran prior]
Don Dionís, caballero
Don Duarte, caballero
Don Egas, caballero
Don Nuño, caballero
Don Pedro, infante
Doña Felipa, infanta
Doña Inés, dama
Niño rey don Alfonso V, rey de Portugal
Ramiro
Sancha
Tabaco, lacayo
Un Paje

Jornada primera

(Por un lado don Alfonso [de Abrantes], Sancha y Ramiro. Por otro don Pedro, doña Felipa, doña Inés, y acompañamiento, en traje de camino.)

Alfonso — Vuestra alteza, gran señor,
sea mil veces bien venido
a esta casa.

Pedro — ¡Oh gran prior,
levantaos! Que ya lo he sido,
pues sale vuestro valor
a recebirme hasta aquí.
Levantaos, no estéis ansí;
cubrid la noble cabeza.

Alfonso — Déme los pies vuestra alteza.

Felipa — Los brazos primero os di,
gran don Alfonso de Abrantes;
que los merecéis mejor.

Alfonso — Si con premios semejantes
vuestra grandeza y valor
hace méritos gigantes
que han sido hasta aquí pigmeos,
alentará mis deseos
de modo que mi vejez
vuelva a su abril otra vez,
rica con tantos trofeos.

Felipa — Como a mi pariente os trato
y como a prior de Ocrato,
gloria de la cruz de Rodas,

luz de las hazañas todas.

Alfonso

Si no corta el tiempo ingrato
el hilo a mis pensamientos,
pagarán este favor
—aunque mis merecimientos
no igualen a su valor—
nobles agradecimientos
de un pecho por vos honrado.
Pero no me había acordado
de daros el parabién
del cargo, señor, que ven
estos reinos empleado
tan bien en vos. Largos años
gobernéis esta corona,
porque restauréis los daños
que la desdicha pregona
de sucesos tan extraños.
Que si quedó Portugal
y su corona real
huérfana y llena de luto,
cogiendo violento el fruto
el tirano universal
de nuestro rey malogrado,
porque quede consolado
y el llanto pueda enjugar,
vos quedáis en su lugar
para gobernar su estado;
pues muerto el rey don Duarte,
señor nuestro y vuestro hermano,
nadie llenará esta parte
sino el valor soberano
que en vos el cielo reparte;
y el niño rey, que ya está

en vuestra ilustre tutela,
en vos, gran señor, tendrá
una general escuela
en quien acrecentará
  el valor que conjeturo;
pues porque viva seguro
con el valor que merece,
venís a ser, mientras crece,
él la hiedra y vos el muro.

Pedro — Vos sois toda la lealtad
de estos reinos, gran prior.

Alfonso — Beso estos pies.

Pedro — Levantad.

[Aparte Sancha y Ramiro.]

Sancha — (¡Ramiro, gran mirador
estáis! Llegaos más, llegad;
  que no os huele mal la moza.
El no sé qué que os retoza
en el alma, he visto ya.
¡Fuego en quien crédito os da,
y vuestras lisonjas goza!
  Pegaos otro poco a ella.)

Ramiro — (Sancha, empieza ya.)

Sancha — (Mi llanto.
A fe que os parece bella.)

Ramiro — (¿A mí?)

Sancha (¿No? A vos. Haceos santo;
que a fe que babeáis por ella.)

Felipa ¿Cómo se llama esta tierra?

Ramiro Momblanco, y aunque en la sierra,
fértil de pan.

(Apártase Sancha con Ramiro.)

Sancha Mas ¡qué agudo
vais a responder! ¡Picudo,
el cuidado os hace guerra!

Ramiro ¿Quieres callar?

Sancha ¿Queréis vos
callar y no responder?

Ramiro Importuna estás, por Dios.
Si pregunta una mujer
tan noble...

Sancha ¿No hay aquí dos
que os saquen de ese cuidado?
¿O tenéis vos arrendado
el responder? ¡Ah, hi de puza!
A fe que amor os rempuza.

Ramiro ¡En linda locura has dado!

Sancha Pues ¿no es verdad?

Ramiro — No es verdad.

Sancha — Luego ¿la engorgollotada
no os hace en la voluntad
borbollitos?

Ramiro — ¡Qué cansada!

Sancha — ¿Ya os canso? Pues descansad;
que yo lloraré entre tanto.

Ramiro — De mi paciencia me espanto.

Felipa — ¿De qué llora esa pastora?
¿Qué tiene?

Sancha — Aquí nadie llora.

Felipa — ¿No he visto yo vuestro llanto?

Sancha — No es de pena.

Felipa — Pues ¿de qué?

Sancha — De picar una cebolla
para una ensalada fue,
que es postillón de la olla.

Felipa — ¿Pica mucho?

Sancha — ¿No lo ve?

Felipa — Hermosos ojos tenéis.
¿Y ha mucho...?

Sancha — Bien poco ha
que me hace llorar cual veis.

Felipa — ¿Luego aun pica?

Sancha — Y picará
hasta que de aquí piquéis.

Ramiro — (Sancha, tú me has de obligar
a irme de este lugar,
si no callas.)

Sancha — (Haréis bien.)

Pedro — Hay cortes en Santarén;
que como murió en Tomar
el rey mi hermano y señor,
y se quiere ir a Castilla
la reina doña Leonor,
sin que puedan persuadilla
mis ruegos, lealtad y amor
a que gobierne este estado,
como lo dejó mandado
el rey en su testamento,
llevando al cabo su intento,
en Santarén he llamado
a cortes, con intención
de que apruebe el rey en ellas
aquesta renunciación.

Alfonso — Habrá oído las querellas
de algunos grandes que son
de diverso parecer,

y no dejan de tener
razón; que parece mal
que gobierne a Portugal
y se iguale una mujer
   con vos, de cuya prudencia
y valor tiene experiencia
el estado lusitano.

Pedro — Mandólo ansí el rey mi hermano,
que la amó por excelencia.

Alfonso —   Gobernadores extraños
en un reino es desatino
de que proceden mil daños.

Pedro — Mientras el rey mi sobrino,
que tiene solos diez años,
   crece, pues doña Leonor
da en partirse, gran prior,
su tutela aceptaré
y el gobierno, porque esté
libre el reino del temor
   en que las alteraciones
de dañadas intenciones
ponen su lealtad y ley,
cuando, por ser niño el rey,
anda la fe en opiniones.

(A Ramiro.)

Sancha —   (No la tienes de mirar.)

Felipa — ¿Cuánto hay de aquí a Santarén?

Ramiro Diez leguas suelen contar.

Sancha (¡Qué presto fuiste...!)

Ramiro (Hago bien.)

Sancha (Todo es por darme pesar.
Pues, ¡para ésta...!)

Felipa ¿Hay mucha caza
por este monte?

Ramiro Es de traza
que ella misma nos provoca
entre los pies.

Sancha Hay tan poca
que es necio quien se embaraza
en buscalla; no hay mentir.

Ramiro (Sancha, ¿queréisme dejar?)

Sancha (Hete de contradecir
en todo.)

Felipa ¿A quién he de dar
crédito?

Ramiro No he de fingir
contigo yo; esta rapaza
¿qué puede saber de caza?

Sancha (Lo que basta para ver
el alma presa en poder

de quien mi muerte amenaza.)

Inés Apacible recreación
tiene el gran prior aquí.

Felipa ¡Qué buenos palacios son
aquestos!

Ramiro Señora, sí;
que cuando la inclinación
se iguala con el poder,
suele la vejez hacer
edificios que compiten
con el Sol, que otros habiten.

Felipa Éste debe de tener
hermosas piezas.

Ramiro Cien salas
le adornan.

Sancha ¡Ay, qué mentira!
¿Ciento? Veinte, y ésas malas,
porque es para quien le mira
como vos en esas galas,
afeitada por defuera;
mas si dentro considera
lo que es, porque se reporte,
dirá que es dama de corte.

Felipa Y vos, niña bachillera.

Sancha Debí de nacer habrando,
porque es mi padre el barbero.

Inés ¿Y habla mucho?

Sancha Trasquilando,
no cesa; que es el primero
de los de «hágala callando».

Ramiro (¡Sancha!)

Sancha (Aquí lo pagarás
con pan y agraz.)

Ramiro (Si me das
ocasión, y más me agravia
tu necedad...)

Sancha (¿Rabias? Rabia,
pues yo rabio.)

Ramiro (Loca estás.)

Pedro Por dos cosas, gran prior,
he pasado por aquí.
La reina doña Leonor
parte a Castilla, y ansí
quiero que vuestro valor
la acompañe; aquésta es
la una.

Alfonso Beso tus pies
por merced tan singular.

Pedro En la villa de Tomar
está, juzgando, después

que murió el rey don Duarte,
los días que no se parte
por siglos largos, y importa,
pues es la jornada corta,
que sea luego.

Alfonso
El agradarte
tengo por ley; luego al punto
me partiré.

Pedro
También vengo
a cumplir del rey difunto
una obligación que tengo,
por ser de su amor trasunto.
El mismo día que murió,
el amor me declaró
que en el abril de su edad
tuvo aquí a cierta beldad,
cuyo nombre me encubrió,
diciéndome solo el fruto
de dos hijos, con que amor
dio a su esperanza tributo,
y de quien vuestro valor
es encubridor astuto.
Deséolos conocer
si están en vuestro poder,
porque quedan a mi cargo.

Alfonso
De daros gusto me encargo.
Presto en ellos podréis ver
dos Apolos de quien soy
viejo y venturoso Admeto,
y con quien alegre estoy;
que por guardar el secreto

que el rey me mandó, hasta hoy,
  disfrazados de pastores,
dan a estos valles amores,
gloria a su padre real,
y esperanza a Portugal
de otras hazañas mayores.

Pedro — Que me los mostréis aguardo.

Alfonso — Pues mirad aquel mancebo,
gran señor, que al gabán pardo
da, aunque tosco, valor nuevo.

Pedro — No he visto hombre más gallardo.

Alfonso — Testigos son estos robles
de que las arrugas dobles
del novillo más cerril
a su esfuerzo varonil
han dado despojos nobles.
  Ya se ha visto entre sus brazos
rendir el oso fornido
la vida, hecho mil pedazos,
y hacer lo que no han podido
venablos, trampas ni lazos.

Pedro — Tras él se me van los ojos.

Alfonso — Pues si a quien de mis enojos
es consuelo ver queréis,
porque desde hoy no envidiéis
del Sol los cabellos rojos,
  mirad en la tierna edad
de aquella niña discreta

la peregrina beldad
en cifra, porque os prometa
milagros su habilidad.

Pedro ¡Bella rapaza! ¿Y qué años
tiene?

Alfonso Trece, aunque en engaños
vence su aguda niñez
la más astuta vejez.
Hay de ella cuentos extraños
en esta sierra.

Pedro ¿Y qué nombre
tiene?

Alfonso Sancha, y él Ramiro.

Pedro ¡Bella mujer y bello hombre!
Pintado en sus caras miro
su padre. ¡Qué gentil hombre
mancebo!

Alfonso Aun entre sayal
descubre la sangre real
de su belicoso padre.

Pedro Y la de su noble madre,
que por ser tan principal,
según mi hermano me dijo,
su nombre encubre.

Alfonso Colijo
que por bien empleada diera

cualquier liviandad, si viera,
señor, tal hija y tal hijo.
  Con la infanta mi señora,
y hija vuestra, están hablando.

Pedro

Su presencia me enamora;
lo que están los dos tratando
quiero escuchar.

(Acércase a ellas.)

Ramiro

Yo, señora,
  conozco de mis intentos
que a vender merecimientos
el mundo, el alma llegara
y infinitos la comprara,
si a trueco de pensamientos
  me los diera.

Sancha

Y yo también
sé que de saber me pesa
lo que sé, por saber quien
sabe que sé, en esta empresa,
que no sois hombre de bien.

Felipa

  Niña, ¿quién te mete aquí?

Sancha

El diablo y yo nos metemos
(y el fuego que vive en mí).

Ramiro

(¿Quieres dejar, Sancha, extremos?)

Sancha

(¡Ah, falso! ¿Pagas ansí
  lo que me debes?)

Ramiro (Por Dios,
que te adoro, Sancha mía.)

Sancha (Yo me vengaré de vos,
Ramiro ingrato, algún día.)

(A don Alfonso.)

Pedro ¿No saben que son los dos
hermanos?

Alfonso No, gran señor,
aunque anda buscando Amor
varias trazas y rodeos
para explicar sus deseos,
porque no ama al resplandor
tanto el que alumbra los cielos,
como el que a Ramiro enseña
Sancha.

Pedro Luego ¿éstos son celos?

Alfonso Sí serán.

Pedro Pues ¿tan pequeña?

Alfonso Los amorosos desvelos
de sospechas semejantes
en Portugal crecen antes
que en otra parte.

Pedro Es ansí,
que todos nacen aquí

tan celosos como amantes.

Felipa
Discreto sois.

Sancha
Vos mentís,
con perdón de los urracos
y arrequives que os vestís;
que nunca son los bellacos
discretos; y si decís
lo contrario, salí acá.

Alfonso
Sancha, ¿qué es esto?

Sancha
Será;
que ahora no es nada.

Alfonso
Atrevida,
¿cómo sois descomedida
con quien honrándoos está?

Sancha
¿Quién me puede honrar a mí?

Alfonso
La infanta.

Sancha
Infanta o infanto,
guarde la honra para sí;
que yo sola valgo tanto
y más que ella.

Alfonso
¿Quién? ¿Vos?

Sancha
Sí.
¿No somos acá personas,
aunque andemos sin valonas,

libres las caras de mudas,
y sin sayas campanudas,
como aquesas fanfarronas?
¿Ella a mí había de honrar,
porque trae una botica
en la cara que alquilar,
y se remilga y achica
la boca cuando ha de habrar?

Pedro (Donaire tiene, por Dios.)

Alfonso Idos de aquí.

Sancha Pues los dos
se quedan, tome, doncella,
esta higa para ella,
y estas cuatro para vos.

(Retírase, quedándose escondida a un lado.)

Pedro Notable gusto me ha dado
la rapaza.

Alfonso Es, gran señor,
la misma sal.

Pedro En estado
y edad está, gran prior,
Ramiro de ser honrado.
Tenerle en mi casa quiero
en traje de caballero
sin declaralle quién es.

Alfonso Todo el valor portugués

hallarás en él.

Pedro

Primero
que os partáis, me le enviaréis
a Santarén, sin decille
lo que en aquesto sabéis.
Haced primero vestille
galas nobles.

Felipa

No queréis
a la pastora, Ramiro,
mal, aunque si bien lo miro,
mejor os quiere ella a vos.

Sancha

(Para ver lo que los dos
hablan, aquí me retiro;
que no puedo sosegar
desde que vino a mi casa
esta infanta o mi pesar;
que ni sé lo que me abrasa,
ni en lo que esto ha de parar.)

Ramiro

Hasta agora no he hecho cuenta
de amor que gustos violenta.

Felipa

Yo sé que la queréis.

Ramiro

¿Yo?

(Saliendo.)

Sancha

Si nos queremos o no,
a Dios daremos la cuenta.

Felipa ¿Quién os mete, bachillera,
aquí donde nadie os llama?

Sancha Yo, que en aquesta quimera,
si los dos urdís la trama,
quiero ser la lanzadera.
Traidor, el huésped se irá,
y...

Alfonso Sancha, salíos allá.
¡Ea!

Felipa Ved si os quiere bien.

Sancha ¿Sí? De fuera vendrá quien
de casa nos echará.

(Vase.)

Pedro Ya es hora que nos partamos.

Alfonso Honrad mi casa primero
esta noche sola.

Pedro Vamos
de priesa; a la vuelta quiero
que más despacio veamos
las muchas curiosidades
que entre aquestas soledades
vuestro quieto gusto pinta;
que me alaban esta quinta
cuantos la ven.

Alfonso Novedades

agradan.

Pedro
Porque os partáis,
ved que la reina os espera.

Alfonso
Siempre que vos me mandáis,
señor, estoy en mi esfera,
y pues vos me lo encargáis,
hoy me partiré.

Pedro
En vos miro
la lealtad misma; a Ramiro
me enviad a Santarén
como os he dicho.

Alfonso
Está bien.

(Sale al paño Sancha.)

Sancha
(Aunque no quiero, suspiro.
Ciego Amor, ¿a qué salís
acá?)

Alfonso
Trueque vuestra alteza
por el maestrazgo de Avís
que honra el pecho, a la cabeza
la corona que regís;
y vos, señora, gocéis
un monarca por esposo
al paso que merecéis.

Felipa
Don Alfonso Valeroso,
para que esperimentéis
lo que os quiero, desearé

lo que vos me deseáis.

Alfonso Larga vida el cielo os dé.

Ramiro Triste a Momblanco dejáis.

Felipa Basta, Ramiro, que esté
alegre vuestra pastora.

Sancha (¡Que estos pesares me den!
¡No fuera yo infanta agora!)

Felipa Id a a verme a Santarén.

Sancha (Si fuere, vaya en mal hora.)

(A don Alfonso.)

Pedro (No sé quitar de los dos
los ojos.)

Sancha (Yo me consumo,
¡y holgaos, Ramiro, vos!)

Pedro Vamos.

Sancha (¡La ida del humo
o del cuerno, plegue a Dios!)

(Vanse don Pedro, doña Felipa, don Alfonso, doña Inés, y el acompañamiento.)

Sancha Ya los huéspedes se han ido,
traidor, ingrato, sin fe,

perrillo de muchas bodas,
moro que no guardas ley;
ya los huéspedes se fueron;
solos estamos.

Ramiro
Pues bien,
que se vayan o se queden,
¿qué hay de nuevo?

Sancha
¡Ingrato! ¿Qué?
¿Qué preguntas, cuando sabes
que me abrasa un no sé qué
el alma, y que no sé cómo
me ha hechizado un no sé quién?
¿No sabes tú que a los pechos
del ciego dios me crié,
que en vez de leche da brasas
a los niños como él?
Trece años tengo, traidor,
y trece años ha, cual ves,
que mi amor se está en sus trece
desde mi primero ser.
Nací amándote, villano,
pues me han dicho más de tres
que antes que aprendiese a hablar,
aprendí a quererte bien.
El ama que me dio leche
me dijo, falso, una vez
que para acallar mi llanto,
las que en tu ausencia lloré,
el remedio era llevarme
donde te pudiese ver.
¡Mal haya amor tan antiguo!
Mas ¿qué más mal que un desdén?

Crecí un poco, y creció un mucho
el fuego en que me abrasé,
que según lo que se enciende,
de cáncer debe de ser.
Los juegos con que otros niños
se suelen entretener,
eran en mí el adorarte;
¡ay cielos, qué mal jugué!
No hallaba sino en tus ojos
pasatiempos mi niñez;
mis muñecas son sus niñas,
que me hechizan si me ven.
Este es mi amor, cruel Ramiro,
y ese tu injusto pago es;
mas quien a tramposos fía,
que no cobre será bien.

Ramiro

Sancha, ¿qué agravio[s] te he hecho,
para que esas quejas des?
¿Qué desdenes te dan pena?
¿Qué palabras te quebré?
Yo, Sancha, pues no lo sabes,
si hasta aquí te quise bien,
fue quererte como a niña,
pero no como a mujer;
que para eso aun es temprano,
y todos cuantos te ven
no te aman por lo que eres,
sino por lo que has de ser.
Mi inclinación natural,
aunque entre el tosco buriel
nací, sin saber quién soy
ni quién fue quien me dio el ser,
me fuerza a ser cortesano,

y apenas mi ojos ven
una dama de palacio,
o un fidalgo portugués,
cuando se me inquieta el alma,
y he menester que a los pies
ponga grillos la prudencia,
porque no corran tras él.
Vino el infante don Pedro
a esta casa de placer,
trujo a la infanta su hija
consigo, a verla llegué,
preguntóme algunas cosas,
respondí por ser cortés;
parecióte, Sancha, mal,
y parecióme muy bien.
Siempre fuiste, sino entonces,
discreta en tu proceder,
sino es hoy que, de liviana,
pesada has venido a ser.
Te enfadó mi inclinación
cortesana; el parecer
de doña Felipa hermosa,
en cuya cara miré
rosas, coral, perlas, nieve,
obligado me ha a que esté
triste, Sancha, y pensativo.
¡Oh, quién pudiera ser rey,
si hay reyes con tantas partes
que lleguen a merecer
el Sol, solo en la hermosura,
que rayo de mi amor fue!

Sancha

¿En mi presencia, traidor,
con el villano pincel

de tu lengua falsa pintas
por Sol lo que sombra fue?
¿La libertad, necio, rindes
a hermosuras de alquiler,
que se venden por las tiendas,
y disfraza el interés?
¿Sol llamas rostros de corte
que aun no merecen traer
pasas del Sol, pues las pasas
de lejía andan en él?
¿Agora niegas, mudable,
deudas de amor, porque ves
que no hay testigos de vista,
por ser ciego el mismo juez?
Trece años ha que eres mío;
las voces me han de valer,
pues la razón no me vale.
¡Señores! ¡Aquí del rey!
Que me roban en poblado
un corazón que gané
en trece años de servicio.
¿No hay Dios? ¿No hay justicia y ley?
¡Aquí de amor! Que ha venido
a robarme una mujer
una alma que me ha costado
otra alma que le entregué.

Ramiro ¿Qué alboroto es éste, Sancha?
Vuelve en ti.

Sancha Pues vuelvemé
a ti mismo; que sin ti
mal en mí podré volver.

Ramiro
Lo mejor será dejarte;
que estás loca.

Sancha
Verdad es;
que no hay amante de veras
que sea cuerdo y quiera bien.
¡Ah de Momblanco! ¡Pastores,
tenelde, corred tras él!
No te has de ir.

(Tiénele.)

Ramiro
No has de dar gritos.

Sancha
Pues quédate y callaré.

Ramiro
Hasme hoy enojado mucho,
y por eso me vengué.

Sancha
Luego ¿esto solo es venganza?

Ramiro
Sí, Sancha.

Sancha
¿Y no amor?

Ramiro
No, a fe;
que te adoro, niña mía.
(Ansí la sosegaré.)
Dame esa mano.

Sancha
No quiero.

Ramiro
Pues iréme.

Sancha Vayasé.

(Ramiro hace que se va.)

Volved acá, el escudero;
no seáis tan descortés.
¡Qué bien hacéis del señor!
¡Ah, mal huego os queme, amén!

(Sale Cabello.)

Cabello Ramiro, señor os llama
más ha de un hora.

Ramiro Voy, pues.

Sancha ¿Habéis de enojarme más?

Ramiro Nunca más.

Sancha ¿Queréisme bien?

Ramiro Con el alma.

Sancha ¡Ay hechicero!

Ramiro ¡Ay brinco de oro!

Sancha ¡Ay vergel
del amor!

Ramiro ¡Ay rosa suya!

Sancha ¡Ay mi Ramiro!

Ramiro ¡Ay mi bien!

(Vanse Ramiro y Cabello. Sale Tabaco llorando.)

Tabaco — Sancha, vos que sabéis tanto,
aunque tan niña y pequeña
que algún dimuño os enseña,
o nacistes por encanto,
si sabéis, dadme unos pocos
de quillotros para amar.

Sancha — Pues ¿un hombre ha de llorar?

Tabaco — No es llanto éste.

Sancha — Pues ¿qué?

Tabaco — Mocos.
Echadme una melecina
para que sepa querer.

Sancha — ¿Qué hay de nuevo?

Tabaco — Heis de saber
que cada vez que a Marina
topo, y me topa ella a mí,
sin bastar pretina o cincha,
el diabro se me emberrincha
en el cuerpo.

Sancha — ¿Cómo ansí?

Tabaco — ¿Qué sé yo? Topéla ayer
par de la huente y topóme,
rempucéla, y rempuzóme,

miréla, y volvióme a ver;
comenzóse a descalzar
las chinelas, y tiréselas,
arrojómelas, y arrojéselas,
y tornómelas a arrojar.
Yo no sé si es enfición
aquésta o qué diabro se es,
que, en fin, vengo a que me des,
si sabes, una lición
de amalla, o de aborrecella;
que no falta cosa alguna
si echarnos de la tribuna,
para que apriete con ella.

Sancha — Tabaco, no es para bobos
esto de amar.

Tabaco — Ya lo veo;
pero si aqueste deseo
me hace en el alma corcovos,
¿qué he de hacer?

Sancha — Dalla a entender
que la quieres.

Tabaco — Ya imagino
que lo sabe; en el molino
nos topamos anteayer
y, parando la pollina,
la pellizqué so el sobaco.

Sancha — ¿Y qué dijo?

Tabaco — «Jo, Tabaco»,

y díjele: «Arre, Marina».
Y volviéndome una coz,
me puso tal, que el barbero,
a no prestarme un braguero,
ya hubiéramos hecho choz
en la huesa.

Sancha ¡Bueno quedas!

Tabaco Sancha, enseñalda a querer
y decid, si la heis de ver,
que tenga las patas quedas.

(Sale Cabello.)

Cabello Tabaco, alto, quita el sayo;
que no has de ser más pastor.

Tabaco ¿No? ¿Quién lo manda?

Cabello Señor.

Tabaco Pues bien, ¿qué he de ser?

Cabello Lacayo.

Tabaco ¿Qué es lacayo, si alcanzallo
puedo?

Cabello Gran cosa, a mi ver.

Tabaco ¿Cómo?

Cabello Es en palacio ser

de la boca del caballo.

Tabaco — Pues ¿he de ser freno?

Cabello — No,
sino que en cualquier posada
le has de dar paja y cebada.

Tabaco — ¿Que es aqueso ser lacayo?

Cabello — Sí, Tabaco; este vestido
fue primero de Melchor,
lacayo del gran prior,
y tú su heredero has sido.
¡Ea!, que has de ir con Ramiro,
que en traje de caballero
va a Santarén.

Tabaco — Pues ¿qué espero?

Sancha — ¿Cómo? (Mis desdichas miro.)
¿Quién dices que a Santarén
va?

Cabello — Ramiro, que ha trocado
el sayo tosco y pesado,
por más que le estaba bien,
con las cortesanas galas,
con que ha hurtado, Sancha mía,
al amor la bizarría,
y al Sol las doradas alas.
Envíale el gran prior
al infante con un pliego.

Sancha (Celos, echad leña al fuego,
creced con celos, amor,
sospechas, dad en el blanco
del temor que el alma espanta.
¿Ramiro va a ver la Infanta?
Dejad, pues, Sancha, a Momblanco;
que no está ausente amor bien
en los peligros que miro.
Si a Santarén vais, Ramiro,
Sancha ha de ir a Santarén.)

(Vase.)

Cabello ¡Ea!, vístete.

Tabaco ¿Qué son
éstas?

Cabello Tienen muchos nombres;
calzas las llaman los hombres,
los discretos, confusión,
las hembras, abigarradas,
las lavanderas, gregorias,
los bobos, ruedas de norias,
y los niños, rebanadas
de melón.

Tabaco ¿Hay más salidas
y entradas?

Cabello ¿No te desnudas?

Tabaco Sí; vestidme estas azudas,
si es que andar pueden vestidas.

¿Qué son aquestos?

Tabaco — Zapatos
al uso, con que remudes.

Cabello — Pensé que eran ataúdes,
según son grandes. ¡Qué chatos
que están! ¡Aho!

Cabello — Son alcahuetes
que encubren bellaquerías.

Tabaco — ¡Jesús!

Cabello — Pues ¿no lo sabías?

Tabaco — No. ¿Qué encubren?

Cabello — Los juanetes.

Tabaco — Y esto ¿qué es?

Cabello — Puños y cuello.

Tabaco — Cuello y puños hay en mí.
¿No son puños éstos?

Cabello — Sí.

Tabaco — ¿Y esto no es cuello, Cabello?

Cabello — Sí.

Tabaco — Daldos a los dimuños,

que no los he menester.

Cabello — Acostúmbranse a traer
en el cuello y en los puños,
y de ellos toman el nombre.

Tabaco — ¿Y éstas, con tantas arrugas?

Cabello — Son lechuguillas.

Tabaco — ¿Lechugas?
Harán ensalada a un hombre.
Ven, que acá me vestiré.
Solo en verlas me desmayo.
¿Que todo esto trae un lacayo?
¡Jesús mil veces!

Cabello — ¿De qué
te santiguas, mentecato?

Tabaco — De ver todo este aparejo,
y de que puede her consejo
el puebro en este zapato.
¿Mas que me han de dar matraca?
¿No es mejor andar desnudo,
que no calzarse un menudo,
con tanta panza de vaca?

(Vanse. Salen don Alfonso, don Nuño, Ramiro, de galán, Sancha, criados.)

Nuño — Un enano, señor, llevo
al rey niño, con que tenga
pasatiempo y se entretenga,
tan pequeño, que me atrevo

a decir que con tener
veinte años, no os llegará
a la rodilla; ya está
dos leguas de aquí, y con ser
tan pequeño como cuento,
en la proporción y el talle
es tan galán que envidialle
pueden, señor, más de ciento,
porque no excede en grandeza
en brazos, manos, ni pies;
todo un brinco de oro es
en el cuerpo y la cabeza.
Cayó en el camino malo,
y gustaré que se cure
aquí, donde se asegure
su salud y su regalo,
porque sé que ha de gustar
mucho el rey de él, os prometo;
que es muy agudo y discreto.

Alfonso
Aquí le podéis dejar,
don Nuño; que aunque me parto
a Castilla, en casa queda
gente que cuidar de él pueda;
aposéntese en mi cuarto.

Nuño
Pues yo, señor, voy por él;
que en Momblanco y su quietud
presto cobrará salud.

Alfonso
Aquí tendrán cargo de él.

(Vase don Nuño.)

Sancha
(Pues mi Ramiro se va,
aunque dice ha de volver,
aqueste enano ha de ser
ocasión, si en casa está,
de algún amoroso enredo.)

Alfonso
Luego quiero que te partas,
Ramiro, con estas cartas
a Santarén.

Sancha
(Muerta quedo.)

Alfonso
Di al infante como estoy
de camino, y que a Tomar
pienso mañana llegar.

Ramiro
(¡Cielos! ¿Que a la corte voy?
¡Ea!, deseo arrogante,
seguid vuestra inclinación
y, pues tenéis ocasión,
llegad y hablad al infante.
No piséis los montes más
ni vistáis sayal grosero;
ya parezco caballero;
vileza es volver atrás.
El infante es noble y franco;
seguiréle si quisiere;
y aunque no quiera, no espere
volver a verme en Momblanco.)

Sancha
Después acá que vestido
estáis de Corpus, ¿no habláis?

Ramiro
¡Ea!, Sancha, ¿qué me mandáis

que os traiga de allá?

Sancha El sentido
y el alma que en un abismo
de pesares acomodo,
y si queréis traello todo,
traeos, Ramiro, a vos mismo.

Alfonso ¡Ea!, Sancha, adiós, adiós;
no lloréis.

Sancha ¿No he de llorar,
viéndoos, señor, apartar,
y perdiéndoos a los dos
en un punto?

Alfonso No hayáis miedo
que Ramiro tarde mucho.

Sancha (¡Con qué de sospechas lucho!
¡Con qué de pesares quedo!)

Ramiro ¿No me abrazáis?

Sancha ¡Que sea tanta
mi desdicha! (¡Oh, quién los ojos
os sacara!)

Ramiro (¿Por qué enojos?)

Sancha (Porque no viesen la infanta.)

Ramiro (Con su nombre me molestas.)

(Salen Tabaco, vestido de risa, metido en una calza todo el cuerpo, y Cabello.)

Tabaco — No sé cómo puedo andar.

Ramiro — ¿Qué es eso, loco?

Tabaco — Llevar
dos mil lacayos a cuestas.
Vamos; que no ha sido poco
el acertarme a poner
tanto andrajo. ¿Qué hay que hacer?
¿No picamos?

Alfonso — ¿Estás loco?

Tabaco — Si me has puesto en esta jaula,
claro está que loco estoy;
ven, que tu Gandalín soy,
y tú mi Amadís de Gaula.
La mitad de este vestido
puedes dar a otro; que yo
suficientemente vo
en una calza embutido.
Este laberinto chato
será bien que a otro le des,
porque a mí para ambos pies
me basta aqueste zapato.

Alfonso — Vestilde allá.

Tabaco — ¡Las quimeras
que hay en este encantamiento!

Cabello Vamos.

Tabaco Parezco jumento,
pues llevo las aguaderas.

Alfonso ¡Ea!, adiós.

Ramiro Adiós, mi bien.

Alfonso No lloréis más.

Sancha Es en vano.

Alfonso Vamos.

Sancha (¿Mas si aqueste enano
me llevase a Santarén?)

(Vanse. Sale don Dionís.)

Dionís Quien hereda el valor y la prudencia
con la nobleza y sangre lusitana
del griego ilustre en fama y experiencia,
tan celebrado por su edad anciana,
no se deje vencer de la inocencia
de un niño rey, por la pasión tirana
de quien pretende gobernar su estado,
que no puede del rey ser gobernado.

(Sale don Duarte.)

Duarte (El que tuviere discreción, nobleza,
valor y aliento en su invencible pecho,
no se deje rendir de una flaqueza,

aunque piadosa, sin ningún provecho.
Pide el gobierno heroica fortaleza,
y dice la experiencia, que se ha hecho
de lastimosos daños, que proceden
de que tan niños príncipes hereden.)

(Sale don Egas.)

Egas (Quien de razón ni de experiencia larga
no hiciere estima o pierde la memoria,
y de estos reinos el gobierno encarga
a un tierno niño, eclipsará su gloria.
Si es la corona tan pesada carga
que al fin la llama la romana historia
un muro en la cabeza, no está el muro
en la de un niño rey firme y seguro.)

Dionís Don Egas...

Egas Don Dionís...

Dionís Pues, don Duarte,
¿qué forzosa ocasión os trae confuso?

Duarte No quisiera ser voto o tener parte
en quien a un niño la corona puso.
Llama Platón, como prudente, al arte
de gobernar por experiencia y uso,
el arte de las artes, y no puede
ser un niño tan docto que la herede.

Dionís Esa misma razón me trae suspenso,
si me vine enfadado de la sala,
pues tan pequeño príncipe, no pienso

que a la grandeza de este reino iguala;
y por enigma del cuidado inmenso
del gobierno real pinta y señala
el griego un instrumento no templado,
que es más difícil gobernar su estado.

Egas

El infante don Pedro, del rey muerto
hermano valeroso, aunque segundo,
tiene este reino, confiado y cierto
que puede y sabe gobernar el mundo.
Llegue esta nave a tan seguro puerto,
pues en el golfo de este mar profundo
la dejó nuestro rey; que no es mi voto
que sea un niño su real piloto.

Dionís

Creyóse que en las cortes que se han hecho
viniese a ellas el señor infante
a tomar la corona con el pecho
que se la ofrece reino semejante;
mas él, fundado en natural derecho
de tierno amor y de piedad constante,
quiere que herede don Alfonso el quinto,
y no pued[a] salir del laberinto.
El reino junto en votos dividido
salió, y dejó la causa sin sentencia,
por si fuese el infante persuadido
con razones que enseña la experiencia.

Egas

Al cielo santo le suplico y pido
abra los ojos de su real prudencia
al infante don Pedro, que reciba
el noble reino, y largos años viva.

(Sale Acuña.)

Acuña

Caballeros ilustres y leales
del reino más ilustre, leal y santo
que mira con sus ojos inmortales
el Sol hermoso que os envidia tanto,
parece, si no mienten las señales,
que con recelo, con temor y espanto
os retiráis, cuando el señor infante
muestra la fe de su valor constante.

El reino le ofrecistes a su alteza,
como tío del príncipe heredero,
temiendo de su edad que su cabeza
no puede sustentar un muro entero;
mas el infante, cuya real nobleza
le muestra descendiente verdadero
de sus heroicos padres, no permite
que al legítimo dueño se le quite.

Y yo, que del infante valeroso
antiguo y noble consejero he sido,
estoy de su constancia más glorioso
que si hubiera en el África vencido;
y ansí os vengo a pedir, reino famoso,
que estiméis su valor, y sea servido
el niño rey, en cuya tierna mano
le pongáis este reino lusitano.

Dionís

Pues ¿cuántos reinos en la edad pasada,
por ser de niños reyes gobernados
con ajena prudencia y corta espada,
perdieron con los reyes los estados?
Tenemos toda el África alterada,
los furiosos alárabes, cansados
de nuestras nobles armas, deseosos
de, hallando esta ocasión, salir furiosos.

(Sale don Pedro.)

Pedro — Pues don Duarte, don Dionís, don Egas...

Duarte — ¡Oh poderoso rey!

Pedro — Humilde infante;
que, no rendido de ambiciones ciegas,
estimo en más renombre semejante.

Dionís — Si con los ojos de prudencia llegas
a mirar, gran señor, cuán importante
es tu grandeza y tu real persona,
recibe de este reino la corona.
No serás el primero infante, hermano
del muerto rey, que su corona herede,
cuando no deja valerosa mano
en quien el reino con firmeza quede.

Duarte — Legítimo heredero, y no tirano,
es el hermano, y preferir se puede
por su edad y prudencia al hijo amado,
cuando le faltan para el mismo estado.

Dionís — Salimos de la sala mal contentos
de tu resolución, aunque piadosa,
dañosa al reino y cuerdos sentimientos
de la más parte, ilustre y generosa.

Egas — Favorece, señor, nuestros intentos;
niño es el rey, la pérdida forzosa;
y si ha de perder reino, fama y vida,
renuncie en ti la gloria merecida.

Pedro
¿Por qué os parece, nobles caballeros,
que es justo darme la real corona?

Dionís
Porque entre dos iguales herederos
se prefiere el valor de la persona.
Tu espada, gran señor, cuyos aceros
el África en sus márgenes pregona,
tu gobierno, tu industria, tu prudencia,
se esmaltan con tus canas y presencia.

Pedro
¿No rendís a mi acuerdo vuestro gusto?

Dionís
Felicísimo príncipe, en tu mano
se rinde Portugal y el reino justo,
siempre leal a tu difunto hermano.

Duarte
El sacro imperio del romano Augusto,
con más lealtad que al César soberano,
se quisiera rendir a tales plantas,
pues nacen de ellas esperanzas tantas.

Pedro
Yo subo, pues, a la invencible silla
en el real tablado prevenido.

Dionís
¡Viva el rey mi señor, a quien se humilla
el trono real a su valor rendido!

Acuña
Tu mudanza, señor, me maravilla.
¡Lealtad mudable, por ingrato olvido!
Mas siempre, por reinar, dicen los reyes
que han de romperse las piadosas leyes.

(Descúbrese una cortina, y en un trono el niño Rey coronado, con acompañamiento de caballeros portugueses. [Don Pedro de redillas].)

Pedro

Sobrino amado, imagen de inocencia,
segundo Abel, y con mayor ventura:
rendido, humilde a vuestra real presencia,
la mano os pido de traición segura.
Tuvieron en mi pecho competencia
la honra y el amor, que al fin procura,
como le hicieron Dios, vencer de modo
que le conozcan poderoso en todo.
Y vosotros, leales caballeros,
si en prudencia, piedad y valor mío
fundáis vuestra esperanza, los primeros
seréis en imitar mi santo brío.
Dad, como siempre, indicios verdaderos
del generoso pecho en quien confío,
que, persuadidos que os importa tanto,
adoréis vuestro rey piadoso y santo.
Que yo, como prudente, como viejo,
y como valeroso y vuestro amigo,
os doy agora tan leal consejo,
y yo el primero le recibo y sigo.
Seguidme todos; que a mi sombra os dejo;
subid al trono de mi rey conmigo;
que en ir primero imito al elefante,
que el mayor en la edad suele ir delante.

(Suena música, y sube don Pedro a besar la mano al Rey.)

Dadme, señor, como mi rey, la mano;
dadme, mi bien, como sobrino mío,
los amorosos brazos, pues los gano.

Rey
Por haber sido tan piadoso tío,
levante vuestra alteza el soberano
rostro, en cuyo valor tanto confío,
y déme a mí licencia que en silencio
descubra que le estimo y reverencio.

Egas
¡Raro ejemplo de fe!

Duarte
¡Divino pecho
de portugués! Que estima en más su fama
que hacer dudoso su real derecho
en este reino que le estima y ama.

Dionís
Veníale al infante muy estrecho,
aunque es grande, este reino; que le llama
la pretensión del África, y desea
que toda aquélla su corona sea.

Rey
Y ansí, como agradecido,
no digo más, que no puedo,
y de vuestra alteza quedo
a los favores rendido.

Pedro
Vuestra Majestad, señor,
aunque se muestra obligado,
me mande; que me ha quedado
muy grande resto de amor;
porque en mi pecho leal
mucha afición se atesora,
pues lo que he dado hasta agora
es una corta señal,
es una prueba no más
de mi lealtad y mi amor,
y a quien es buen pagador

no duelen prendas jamás.

Rey

Quiero, señor, que miréis
este reino y mi persona
como vuestro; esta corona,
infante, vos la tenéis.
Y ansí será justa ley
que os obliguéis de presente
a sacarme un rey prudente,
ya que me sacastes rey.
Y si no lo hacéis ansí,
infante, podré quejarme;
que hacerme rey es no honrarme,
y hacerme rey justo, sí.

Pedro

Habla vuestra Majestad
de modo que me parece
que, como en ser hombre, crece
en la gracia y en la edad.
Dice que el reino le di,
y estimo ese gran favor,
y he de sacarle el mejor
que haya reinado hasta aquí.
El reino que le he entregado
reciba en prendas de quien,
porque suele pagar bien,
por grandes prendas le ha dado.

Rey

No digáis más; que no es justo
dudar de vuestra verdad.

Caballero

¡Viva vuestra Majestad
la próspera edad de Augusto!

Rey
Viváis, vasallos leales,
la edad de Néstor y Anquises.

Duarte
Nuevo sucesor de Ulises,
dame tus manos reales.

Rey
Esperad; que me conviene
salir al recibimiento
de mi prima, porque siento
que la hermosa infanta viene.

(Salen doña Felipa y doña Inés. El Rey y don Pedro se bajan del trono.)

Felipa
Mande vuestra Majestad...

Rey
No puedo mandar, señora;
que en vuestros ojos agora
pierdo yo la libertad.

Felipa
Que me mande dar sus manos
le suplico.

Rey
Ya soy rey,
y no será justa ley
hacer mis intentos vanos.
La mano me habéis de dar
que os la bese; esto ha de ser;
que yo por poderlo hacer,
tengo por gusto el reinar.

Dionís
De amor y de cortesía
da indicios su Majestad.

Duarte
El amor en tierna edad

sin sentir se forma y cría.

Felipa Yo me encargo, mi señor,
de entretener, como es justo,
con regalos vuestro gusto.

Rey Y con favores mi amor.
Y con esa confianza
que el alma agora desea,
quiero salir, que me vea
el reino.

Acuña ¡Extraña mudanza!
¡Que en un niño pueda hacer
el ser rey tan grande estima
de sí mismo!

Rey Infanta, prima,
adiós, y volvedme a ver.

Pedro No acompaño, gran señor,
vuestra persona, aunque es tanta
mi obligación; que la infanta
queda sola.

(Vanse el Rey, don Duarte, don Egas, Acuña, y los demás caballeros.)

Dionís (¡Ay dulce amor!
Pero el infante se queda;
no puedo hablar a mi bien.
Noche venturosa, ven
más apriesa, porque pueda.)

(Salen Ramiro y Tabaco. [Habla Ramiro a Tabaco].)

Ramiro (La ocasión misma me ayuda,
pues llego y al mismo instante
encuentro al señor infante.)

Tabaco (Dichoso has de ser sin duda.)

Ramiro Mande darme vuestra alteza
sus manos.

(Dale un pliego.)

Pedro Seáis bien venido,
Ramiro.

Tabaco (¿Ya es conocido?
¡Gran memoria!)

Ramiro (¡Gran belleza!)

(A Inés.)

Felipa ¡Ay, amiga! ¿No es aquél
el aldeano?

Inés Señora,
él es.

Felipa Conocíle agora
(como siempre pienso en él).

Tabaco Señor.

Ramiro Calla.

Tabaco — No podré,
si no me enseña y me avisa,
si me viene alguna prisa,
por dónde me proveeré;
que no me he visto jamás,
señor, con tanta agujeta,
y esta ventana inquieta
fuese mejor por detrás.

Pedro — Ramiro, mucho debéis
al prior, porque os envía
a la corte; yo querría
que su esperanza aumentéis.

Felipa — (¿A la corte? ¡Oh, venturosa
yo, que en la corte y palacio
puedo querelle despacio!
Mas ¿no me falta otra cosa
que rendir mi pensamiento
a quien ayer fue un villano?
Pero no es en nuestra mano
este primer movimiento.)

Ramiro — El servir a vuestra alteza
tendré yo por gloria mía.

Pedro — Que sirváis al rey querría.

Dionís — ¿Qué no entendida grandeza
es ésta? Escudero amigo,
¿quién es este caballero?

Tabaco — Yo fui labrador primero,

y aqueste andaba conmigo;
pero el prior le ha enviado.

Dionís

De esta novedad me admiro.
¿Cómo se llama?

Tabaco

Ramiro;
mal nombre para casado.
Yo me llamaba Tabaco,
y era sonado en mi aldea,
y agora no sé quién sea,
si no me escurro y me saco
de estos dos fuelles; que voy
con ellos con mucho tiento;
que van hinchados del viento
que yo de miedo les doy.

Pedro

Esto ha de ser, y confío
que este favor que os he hecho
os ha de hacer buen provecho.

Ramiro

Sois amparo y señor mío.
Y vos, infanta y señora,
dadme los pies.

Dionís

(¿Cómo es esto?
¿Ya se conocen tan presto?)

Felipa

Alzaos.

Ramiro

El alma os adora.

Tabaco

Su infantería ¿no alvierte
que soy el que estaba allá?

Mas no me conocerá,
estofado de esta suerte.

(Asiendo de la ropilla al infante.)

Pero dígame, señor,
éstas (que no son distintas
traerlas cercadas de cintas)
que me dan mucho temor,
y siento que ni aun dormir
han de dejarme.

Inés — ¡Ah villano!

Pedro — Entrad; besaréis la mano
al rey.

Ramiro — Comienzo a servir.

Felipa — (Yo a amar.)

Dionís — (Yo a dudar.)

Pedro — Yo a ver
su valor...

Ramiro — (Yo su hermosura.)

Tabaco — Sáquenme de esta apretura;
que me quiero proveer.

Fin de la primera jornada

Jornada segunda

(Salen don Dionís y don Duarte.)

Duarte — Don Dionís, parece sueño.

Dionís — ¿Quién, don Duarte, creyera
que tal privanza tuviera,
de un principio tan pequeño,
un hombre venido ayer,
no sé de dónde, sin prenda
de valor, fama o hacienda,
pues aun de quien le dio el ser
está la corte ignorante?

Duarte — Sola una cosa en favor
de que es hombre de valor
le abona.

Dionís — ¿Y es?

Duarte — Que el infante
le apoye: clara señal
que es noble, pues él le ampara;
que el infante no agraviara
la sangre de Portugal,
de quien es tan honrador,
dando alas a un forastero,
si no fuera caballero.

Dionís — Algún oculto valor
encierra, que por agora
debe de importar callalle.

Duarte

Él merece por el talle
con que la corte enamora,
por el noble proceder
que con los títulos tiene,
por la humildad con que viene
a darnos a conocer
cuán ajeno de ambición
al rey y al infante obliga
a que en su aumento prosiga,
y por la conversación
apacible con que alcanza
renombre su juventud,
que envidiemos su virtud
y alabemos su privanza.
Mas ¿sabéis lo que concluyo
del amor con que el señor
infante le hace favor?
Que debe ser hijo suyo.

Dionís

¡Pluguiera a Dios! Sosegara
mi amoroso frenesí,
si eso, amigo, fuera ansí;
porque la sospecha avara
que tengo de que la infanta
le quiere bien, es ya tal,
que temo querelle mal.

Duarte

¿Celos tenéis?

Dionís

¿Qué os espanta,
si cuando solos se ven,
por las lenguas de los ojos,
a costa de mis enojos,
dicen que se quieren bien?

Por Dios, que me pesaría
de que fuésemos los dos
enemigos, y por Dios,
que si la loca porfía
crece, siendo su interés
en mi daño, que sospecho
que le ha de hacer mal provecho.

Duarte
Yo he de averiguar quién es
don Ramiro.

Dionís
¿De qué modo?

Duarte
Su criado sale al paso,
que es hombre de poco vaso,
y presto lo dirá todo;
propiedad de un ignorante,
combatido de malicias.

Dionís
Pedidme el alma en albricias,
si es padre suyo el infante.

(Sale Tabaco [sin ver a los caballeros].)

Tabaco
Después acá que enredado
en aqueste enjugador
voy, sin ser predicador,
de dos púlpitos cargado,
es tanta la presunción
que de estas quimeras saco,
que no he de ser más Tabaco,
o le he de echar el tacón
de un «don»; que no es mal ensayo
que «don Tabaco» me nombren,

aunque los dones se asombren
de haber hecho un «don» lacayo.
Mas tantos los dones son
que aun las campanas los dan,
pues si tañe el sacristán,
pronuncia «dan, dan, don, don».
Y si dan «don», desde hoy quiero
un don, aunque sea trabajo;
que un «don» dado de un badajo
bien está en un majadero.

Duarte Hola; ¿oís?

Tabaco ¿Quién es la «hola»?
Hablad como habéis de hablar;
que aunque la corte sea mar,
no tengo yo de ser ola.
Don Tabaco es mi apellido,
porque en estas ocasiones
la poesía y los dones
a tanta baja han venido
que hay ya dones al soslayo,
y de agujas y banquetas
levanta Apolo poetas,
como dones de un lacayo.
Y en mí no es el «don» postizo;
que un don Tabaco es de honrar,
por ser su antiguo solar
narices con romadizo.

Dionís Humor tenéis.

Tabaco Ya lo veis;
soy hombre de humos y humor.

Duarte — Escuchad. Vuestro señor
¿de dónde es, si lo sabéis?

Tabaco — Su nombre se soleniza.

Dionís — ¿Es caballero?

Tabaco — Eso infiero,
pues de puro caballero,
nació en la caballeriza.

Duarte — Dejad burlas tan pesadas.

Tabaco — En su sangre hay encomiendas.

Dionís — ¿Y es hombre de prendas?

Tabaco — ¿Prendas?
Algunas tiene empeñadas.

Dionís — Prendas de nobleza llamo.

Tabaco — No lo entendí, perdonad.

Dionís — ¿Es hombre de calidad?

Tabaco — Sí, es muy cálido mi amo;
que ansí lo dijo un dotor.

Duarte — O vos sois un gran bellaco
o un gran tonto.

Tabaco — Soy Tabaco,

que es uno y otro, señor.

(Vase.)

Dionís
El rey sale.

Duarte
Extraordinario
favor hace a don Ramiro.
Siempre a su lado le miro;
hale hecho su secretario,
y dándole peticiones
viene.

Dionís
Su presencia es tal,
que muestra ser principal.

Duarte
De sus nobles intenciones
se colige la nobleza
con que al cielo se levanta;
mas como no ame a la infanta,
sea quien fuere.

(Sale el Rey recibiendo peticiones de don Ramiro, doña Felipa, don Pedro, acompañamiento.)

Ramiro
Vuestra alteza
de modo me favorece,
que de mí mismo me admiro
envidioso.

Rey
Don Ramiro,
honrar a quien lo merece
es obligación de un rey,
que a los pechos del consejo

de un infante sabio y viejo,
su valor tiene por ley.
Alcaide de Santarén
sois.

Ramiro — Tus pies quiero besar.

Rey — Blasón de un rey es el dar;
pero más lo es el dar bien.

Pedro — Los pies beso a vuestra alteza
por la merced que Ramiro
recibe.

Rey — En él y en vos miro
todo el valor y nobleza.
¿Hay más peticiones?

Ramiro — Ésta
en que el conde don Dionís
os suplica que de Avís,
pues su lealtad manifiesta
sus méritos, la encomienda
le deis mayor, que está vaca.

[A don Dionís.]

Duarte — (De vos habla.)

Dionís — (A plaza saca
su valor, aunque pretenda
encubrirse.)

Rey — ¿Qué valdrá

esa encomienda mayor?

Pedro

Diez mil ducados, señor,
de renta.

Rey

Bien se empleará,
don Ramiro, en vuestro pecho.
Traedla, y dará más luz
en tales pechos tal cruz,
y yo estaré satisfecho.
El comendador mayor
os llamen desde hoy de Avís.

Ramiro

Preténdela don Dionís
y la merece mejor.
Suplícoos, príncipe augusto,
me hagáis a mí esta merced.

Rey

Vuestra es la encomienda, haced
de ella lo que os diere gusto.

[A don Dionís.]

Ramiro

Llegad a besar los pies,
conde, al rey nuestro señor,
que comendador mayor
os ha hecho.

Dionís

El interés
que de ese cargo consigo
me obliga por justa ley,
a vos, señor, como a rey,
y a vos como a fiel amigo,
dándoos la fama loores

que eternamente gocéis,
pues hoy, sin ser rey, hacéis
comendadores mayores.

Ramiro

Amigos, don Dionís, hago,
que es más precioso caudal.

Rey

Sed, Ramiro, en Portugal
maestre de Santiago;
que quiero que el mundo muestre
lo que la cruz hace en vos.

Ramiro

Hágaos gran monarca Dios,
pues que me hacéis gran maestre.

Rey

Ya del infante mi tío
sé que nobleza y valor
os hacen merecedor
del cargo que de vos fío.

Pedro

¿Qué más valor que agradarte,
si ansí quien te sirve vuela?

Ramiro

El condado de Penela
dio al padre de don Duarte
el vuestro, que está en el cielo,
solo por su vida; y él,
que es el vasallo más fiel
de cuantos celebra el suelo,
que se le perpetuéis
os suplica, gran señor.

Rey

Si vos sois intercesor,
Ramiro, ¿qué pediréis

que no alcancéis? Dadle parte
de eso al infante mi tío;
que a él sujeto el gusto mío.

Pedro
Penela está en don Duarte,
señor, muy bien empleado.

Rey
Désele a Penela, pues.

Duarte
Pon en mi boca esos pies.

Rey
Y gozad vos el condado
de Oliventa y de Estremoz.

Ramiro
Señor...

Rey
Siempre que venís
y para otros me pedís,
gusto de daros a vos.
Pedidme para otros mucho,
porque mucho a vos os dé.

Ramiro
Contigo Alejandro fue
avariento.

Rey
Como escucho
lo que mi tío os abona,
honraros mi amor desea.

[Al Rey.]

Pedro
Bien vuestro favor se emplea
en ilustrar su persona;
que es Ramiro principal,

y si tanto amor le muestro,
es por ser muy deudo vuestro,
señor, y su sangre real.

Felipa

(Amor, si habéis hasta aquí
reparado en calidad,
teniéndoos mi autoridad
a raya dentro de mí,
hablad, pues es vuestro amante
conde y maestre, certeza
de su encubierta nobleza;
que pues mi padre el infante
le honra tanto, bien conoce
lo que su valor alcanza.)

Ramiro

(Ennoblecedme, privanza,
subidme más, porque goce
tan noble merecimiento
mi amorosa voluntad;
que si honras dan calidad,
y cargos atrevimiento,
a pesar de mi bajeza,
me dicen mis pretensiones
que cargos son escalones
para subir la nobleza.)

Dionís

(¡Ay, infanta! Si mi amor
tu mayor favorecido
me hiciese, pues he subido
a comendador mayor,
fuera mi dicha adelante;
mas teme la pena mía
que con esta mayoría
Ramiro se me levante,

siendo mi desdicha tanta,
que porque de él no me ofenda,
hizo darme una encomienda,
para quitarme una infanta.)

(Sale un Paje. [Habla a don Pedro].)

Paje

Del gran duque de Viseo
se acaba agora de apear
un paje que quiere hablar
a vuestra alteza.

Pedro

Deseo
velle; ya sé a lo que viene.
Un enano ha de traeros,
señor, para entreteneros,
que por el amor que os tiene
el duque, le hizo venir
de Castilla.

Rey

Debo yo
mucho al duque; siempre dio
muestras de lo que servir
me desea.

(Salen Sancha, de hombre, y Cabello, de lacayo. [Habla aparte a Sancha].)

Cabello

¿Dó me llevas
de esta suerte? ¿Qué marañas
comienzan ya tus hazañas?
¿Qué burlas son estas nuevas,
Sancha del diablo? ¿Ante el rey
yo, y bragado de este modo?

Sancha
Haz lo que te he dicho en todo,
y calla.

Cabello
Yo seré un buey
mudo; mas ¡pardiez! que dudo
que me han de estirar el cuello.

Sancha
¿No me conoces, Cabello?

Cabello
Ya te conozco. (¿Que pudo
persuadirme a aqueste ensayo
Sancha? ¿Que al fin me embaucó?
¿Ella enano, y su ayo yo?
¡Miren qué enano y qué ayo!)

Sancha
Déme los pies vuestra alteza.

Pedro
Besad los del rey primero.

Sancha
Ignoré, como estranjero,
que estaba aquí la grandeza
del rey. Vuestra Majestad
perdone si entré ignorando.
(Dale un pliego.) Éste el duque don Fernando
os envía.

Rey
Levantad,
y leed vos, tío infante,
lo que escribe el de Viseo.

Ramiro
(¡Cielos! ¿Qué es esto que veo?
¿No tengo a Sancha delante?
¿Éste no es Cabello? Él es.)

[Ramiro habla aparte a Cabello.]

	Cabello.
Cabello	(Me conoció.)
Ramiro	¿Qué haces aquí?
Cabello	¿Qué sé yo? Sancha os lo dirá después.

(Lee.)

Pedro	«Entre los grandes deseos que de servir a vuestra Majestad tengo, he puesto en ejecución uno tan pequéno como este enano, que por ser solo en el cuerpo, y no en la proporción, le hice traer de Castilla para el entretenimiento de la niñez de vuestra Majestad, a quien suplico me reconozca por uno de sus más leales vasallos y parientes, etc. Julio de [?]. Don Fernando»
Rey	¿Sois vos el enano?
Sancha	Soy, señor, aunque en cuerpo enano, gigante en cuerpo, pues gano el venirte a servir hoy.
Ramiro	(¿Qué disparates son éstos, Cabello?)

Cabello (¿Qué me pescudas?
Sáquete ella de esas dudas,
y a mí de aquestos dos cestos
en que tan bien me ha envainado.)

Rey ¡Qué buen talle y buena cara!

Felipa Yo por niño le juzgara,
a no habérosle enviado
por enano el de Viseo.

Pedro ¿Eres portugués?

Sancha Nací
en Castilla, criéme aquí,
y después por un deseo
de mi padre, me volvió
a los aires castellanos.

Rey Bien; y ¿tienes más hermanos?

Sancha Solo a mí me enaneó
mi madre.

Rey Tu cantidad
se vestirá a poca costa.

Sancha Hízome mi padre aposta
para vuestra Majestad.

Felipa ¿Qué años tienes?

Sancha Treinta y tres.

Felipa ¿Treinta y tres, y no has barbado?

Sancha Hánmelo imposibilitado
trabajos que tú no ves,
ni yo decillos quisiera.

Rey ¿De qué suerte?

Sancha Señor mío,
pago casa de vacío,
y están los huéspedes fuera.

Pedro No sé yo dónde te he visto
otra vez.

Sancha ¿A quién? ¿A mí?

Pedro Dudoso estoy; creo que sí.

Sancha Mucho ha que en Castilla asisto.

Pedro Podrá ser.

Sancha (Ya está en el potro
mi miedo.)

Pedro A alguien te pareces.

Sancha Sí haré, porque muchas veces
se parece un diablo a otro.

[Hablan aparte Ramiro y Cabello.]

Ramiro (¡Jesús! ¡Que se haya atrevido

Sancha a hacer tal disparate!)

Cabello (Este amor es un orate,
y yo otro, que aquí he venido.
Después sabrás maravillas;
que hay, Ramiro, historias largas.)

Rey ¿Llámaste?

Sancha Mi padre Vargas,
y yo, por chico, Varguillas.

Rey Pues mucho os he de querer,
señor Vargas.

Sancha Tus pies beso.

Pedro Vamos.

Ramiro (No hay amor con seso,
y más si ama una mujer.)

Sancha (A fe, sospechas amargas,
que he de remediar mis miedos.)

[A Cabello.]

Ramiro (Espántanme sus enredos.)

Cabello (Pues «averígüelo Vargas».)

(Vanse el Rey, don Pedro, doña Felipa, el Paje y acompañamiento.)

Duarte Goce vuestra señoría

el maestrazgo y el estado,
que el rey mi señor le ha dado
tan justamente este día,
   mil años; que el que me dio
por su noble intercesión
me ha puesto en obligación.

Ramiro — Con él quisiera dar yo
   un reino a vueseñoría.

(Vase don Duarte.)

Dionís — A mí me le podéis dar,
don Ramiro, si estimar
queréis hoy la amistad mía,
   con darme sola una prenda
que ha de enriquecer mi estado
más que el que por vos me han dado
con la mayor encomienda.
   Confesadme una verdad;
que como amigo os prometo
guardar eterno secreto.

Ramiro — Por pagar la voluntad
   de que me hacéis hoy deudor
y estimo, el pecho rasgara,
y en él el alma os mostrara.

Dionís — ¿Tenéis a la infanta amor?

Ramiro — ¿A doña Felipa?

Dionís — Sí.

Ramiro — Como a hija del infante
la quiero, no como amante.

Dionís — No hay recelos de mí,
pues vuestra amistad profeso.

Ramiro — Don Dionís, si yo la amara,
de vos el alma fiara.

Dionís — Pues sabed que pierdo el seso
por ella.

Ramiro — (¡Ay de mí!) ¿Pues bien...?

Dionís — Vos que me habéis dado hacienda,
quiero que con la encomienda,
me deis esposa también.
Perdonad; que lo que hiciera
por vos, maestre, eso mismo
quiero que hagáis.

Ramiro — (¿En qué abismo
me ha puesto mi pena fiera?)

Dionís — Interceded en mi amor,
sed mi tercero discreto.
¿Haréislo?

Ramiro — Yo os lo prometo.

Dionís — (Pues que no la tiene amor,
su hermano debe de ser.)
¿Cuándo la iréis a hablar?

Ramiro Luego.

Dionís Adiós.

Ramiro Adiós.

(Vase don Dionís.)

Ramiro Amor ciego,
cegadme a mí por no ver
tanta confusión y enredo.
Yo adoro a doña Felipa,
don Dionís se me anticipa,
y acobardándome el miedo
de no saber quién me dio
el ser que tan adelante
está honrándome el infante,
padezco entre un sí y un no.
¿Posible es que, sin saber
el infante mi linaje,
de este modo me aventaje?
No, temor, no puede ser.
Al rey que era noble dijo,
y mi honrado pensamiento
califica este argumento;
él sabe de quién soy hijo.
Proseguir mi dicha quiero,
y declaralla mi amor,
aunque mi competidor
me haya hecho su tercero,
que ha venido Sancha aquí
celosa, y podrá estorbar
mi dicha saliendo azar.
Amor, volved vos por mí.

(Sale Sancha.)

Sancha

Pues, mi señor cortesano,
todos estamos acá;
aunque no se dignará
de hablar un conde a un enano.
¿Qué te parece la traza
con que te he venido a ver?
¿Mas que debes de creer
que vengo a espantar la caza
de tu amor? Dame esa mano;
seguro la puedes dar,
que no me puedo casar
contigo, que eres mi hermano.

Ramiro

¿Yo hermano tuyo? ¿Qué dices?

Sancha

La verdad que me ha traído
aquí con traje fingido,
porque mi fe solenices.
El día mismo que saliste
de Momblanco, me informé
de un viejo, a quien obligué,
con verme en tu ausencia triste,
a que, rompiendo el secreto,
que le encargó el gran prior,
de nuestro progenitor
me diese cuenta. En efeto,
soy tu hermana.

Ramiro

Sancha mía,
aunque tus embustes sé
me ha obligado a darte fe

	la sangre que el amor cría,
	  y mis sospechas allana;
	pues desde el punto primero
	que te vi, te estimo y quiero
	como un hermano a una hermana.
	  (¡Ay mi infanta hermosa y bella!
	Si es mi sangre venturosa
	tan ilustre y generosa
	como el valor que hallo en ella,
	  siendo noble y no villano,
	bien te puedo pretender.)

Sancha	(Como yo le haga entender a Ramiro que es mi hermano, y que a terciar en su amor vengo, no descubrirá que soy mujer.)
Ramiro	(¿Si será padre mío el gran prior?) Acaba de declarar, Sancha, a quién debo mi ser.
Sancha	Grande dicha has de tener.
Ramiro	Ya la comienzo a gozar. Dilo para que socorras el temor que has de impedir.
Sancha	No te lo atrevo a decir.
Ramiro	¿Por qué?
Sancha	Porque no te corras.

Ramiro ¡Ay cielo! Mi desventura
sospecho; no es principal
quien me dio el ser.

Sancha ¿No? ¡Y qué tal!
Nuestro padre es...

Ramiro ¿Quién?

Sancha El cura,
pariente del gran prior
muy cercano.

Ramiro ¡Un cura!

Sancha Sí,
aquesto es cierto.

Ramiro ¡Ay de mí!

Sancha Bien lo sabrá el labrador
que nos crió.

Ramiro Dejamé;
mataréme.

Sancha ¿Hay tal ventura
como ser hijo de un cura?
¿Matarte quieres? ¿Por qué?
El gran prior nos crió
(que pienso que es nuestro tío)
y ha sabido, hermano mío,
que nuestro padre murió.

En tu extraña dicha y medro
puedes experimentar
lo que el cielo suele honrar
a los nietos de San Pedro.

Ramiro

Cesa, pues cesó mi amor.

Sancha

A fe que te burlé bien.
No es tu padre ése.

Ramiro

Pues ¿quién?
¿Es, hermana, el gran prior?

Sancha

Y por su causa el infante
te honra, Ramiro, ansí.

Ramiro

¿Es cierto?

Sancha

Pues ¿no?

Ramiro

Eso sí;
viviré de aquí adelante.

Sancha

En sabiendo que mi hermano
eras, te vine a buscar,
dándome traje y lugar
para venir el enano
que en Momblanco aposentó
don Nuño, y vino tan malo
que, no bastando el regalo
que le hicieron, se murió.
Partióse desesperado
don Nuño, y dejóse allí
las cartas que luego abrí,

y viendo que presentado
iba por el de Viseo,
eché otra cubierta al pliego,
vestíme en su traje luego,
y en las alas del deseo
vengo a terciar en tu amor.
Yo haré que a la infanta goces,
si mis enredos conoces.

Ramiro ¿Que es mi padre el gran prior?
¿Que eres mi hermana?

Sancha (La trama
va buena.)

Ramiro ¡Qué alegre estoy!

Sancha Tu hermana y tercera soy.

(Sale un Paje.)

Paje Señor, el infante os llama.

(Vase.)

Ramiro Pues tú de mi amor te encargas,
ya no tengo que temer.

Sancha Enredos tengo que hacer
con que se acuerden de Vargas.

(Vanse. Sale doña Felipa.)

Felipa Amor rapaz, esa venda

en la boca había de estar,
porque no puedas hablar,
ni tu secreto se entienda;
aunque para que me ofenda
de ti, tirano desnudo,
siempre que quiero hablar, dudo;
porque para darme enojos,
siendo ciego, estás con ojos,
y en mí, con lengua, estás mudo.

(Sale Ramiro.)

Ramiro
(No puede el desasosiego
que me atormenta, parar;
que mal podrá sosegar
fuera de su centro el fuego.
No seáis mudo, pues sois ciego,
niño dios; mas si segura
queréis ver vuestra ventura,
hacelda a la infanta clara;
que mal que no se declara,
con dificultad se cura.)

Felipa
Ramiro.

Ramiro
Señora mía.

Felipa
¿Adónde vais?

Ramiro
No osaré
decillo.

Felipa
¿Por qué?

Ramiro

Porque
no me atrevo, aunque querría.

Felipa

(¡Oh, si viniese a buscarme!)

Ramiro

(¡Oh, si gustase de oírme!)

Felipa

(Amor, aprende a ser firme.)

Ramiro

(Amor, comienza a ayudarme.)

Felipa

Llegaos más, y no os turbéis;
que estando a solas los dos,
bien podéis hablar.

Ramiro

Por Dios,
señora, que me escuchéis.

Felipa

(Sin duda me quiere bien;
que el rostro y los tiernos ojos,
[a pesar de mis enojos,]
mirándome, hablan también.)

Ramiro

No os pregunto, mi señora,
si sabéis qué es afición
por obra o por discreción;
que quien es cuerdo no ignora
que por obra no sabréis
lo que por ciencia alcanzáis;
quiero decir que no amáis,
pero que bien lo entendéis.

Felipa

(Ya el Sol muestra su luz bella.)
Pasá adelante.

Ramiro — Sí haré;
que ganando tierra, iré
ganando cielo por ella.
Digo, señora, que yo
quiero...

Felipa — ¿Qué queréis?

Ramiro — Muy bien
a quien lo merece.

Felipa — ¿A quién?

Ramiro — A vos, mi señora... no.

Felipa — ¿Pregúntoos yo si es a mí?

Ramiro — Pudiéraislo preguntar.

Felipa — Acabaos de declarar.

Ramiro — (Dije no por decir sí.
Pero en pretensión tan alta
¿quién no se acobarda?)

Felipa — (Quiero
disimular.)

Ramiro — Lo primero
que en esta empresa me falta
es, señora, atrevimiento
de hablar.

Felipa Perded el temor,
y no digáis vuestro amor
con tanto encarecimiento.

Ramiro Quiero bien, pues, a una dama.

Felipa Ya se entiende, pues sois hombre.

Ramiro Y esta dama...

Felipa Decí el nombre.

Ramiro Dama esta dama se llama.

Felipa ¿Y no más?

Ramiro Volvíme atrás;
el nombre os diré otra vez.

Felipa La dama del ajedrez
se llama dama no más.

Ramiro Quisiera que vuestra alteza...

Felipa Pediréis que tercie yo
con ella.

Ramiro Señora, no.

Felipa Habladme, pues, con llaneza.

Ramiro Quisiera, señora mía,
que a mí me favoreciera
vuestra alteza, y que fingiera

que me honraba... y me quería;
porque envidiando el favor
de tan alta dama, entiendo
que la que sirvo y pretendo
me tendrá de envidia amor.
Que si la más principal,
más discreta y más hermosa
me quiere, estará envidiosa
quien me trata agora mal.

Felipa

¡Nuevo modo de tercera
es ése, Ramiro! Pues
¿es la dama...?

Ramiro

Doña Inés,
a quien obligar quisiera.

Felipa

¿Mi dama?

Ramiro

Señora, sí.

Felipa

Alto, yo os haré favores,
porque tan cuerdos amores
no se malogren por mí.
(Celosa estoy, pero es justo
cumplir lo que me ha pedido,
porque, aunque sea fingido,
quiero gozar de este gusto.)

Ramiro

(¿Si me ha entendido la infanta?
Pero comienzo a fingir;
que ansí le podré decir
mi voluntad, aunque es tanta.)

Felipa ¿Tenéis que advertirme más?

Ramiro Señora, que perdonéis.

Felipa Pues mirad que no faltéis
de mi presencia jamás.
Dad vos ocasión; mostrad
gusto y amor cuando vengo,
porque no digan que os tengo,
sin ocasión, voluntad.

Ramiro Harélo ansí.

Felipa (De esta suerte
puedo yo engañarme a mí.)

Ramiro Quede esto ansí.

Felipa Quede ansí.

Ramiro ¿Queréisme ya?

Felipa Hasta la muerte.

(Vase Ramiro. Sale doña Inés.)

Inés (Puse en Ramiro los ojos;
pero mi desdicha es tanta,
que temo que ama a la infanta,
y hace ciertos mis enojos.)

Felipa Doña Inés.

Inés Señora mía.

(¿Quién supiera la verdad?
¿Diréle mi voluntad?
Mas ¿quién en mujeres fía?)

Felipa

Pienso que venís turbada;
si es amoroso secreto,
decildo; que yo os prometo
guardarle.

Inés

Estoy confiada
de vuestra alteza, y ansí
le diré mi pretensión
honrosa, y por su ocasión,
el amor que crece en mí.
Dama soy vuestra, y no es mucho
pretender para marido
a un galán favorecido
del rey.

Felipa

(Envidiosa escucho.)

Inés

Digo, pues, que don Ramiro,
si no me engaño, me ama,
y por su prudencia y fama,
con buenos ojos le miro.
No hay más.

Felipa

No quiero yo más.
Pues ¿qué pretendéis agora?

Inés

Ser su esposa, mi señora,
por no perderle jamás.

Felipa

Y él, ¿os quiere?

Inés — No lo sé;
pero muéstrame afición.

Felipa — (¡Ay terrible confusión!
Desespero, si esperé;
porque si a mí me quisiera,
no quisiera a doña Inés,
y si se quieren, no es
de provecho una tercera.)

Inés — ¿Qué responde vuestra alteza?

Felipa — Que es justa y forzosa ley
pretender que os case el rey,
si iguala a vuestra nobleza.
Yo hablaré a su Majestad;
confiada podéis iros.

Inés — Voyme, pues.

(Vase.)

Felipa — Tristes suspiros,
no abraséis la voluntad.

(Sale Sancha.)

Sancha — Señora, ¿era vuestra alteza
quien suspiraba?

Felipa — No sé...
Yo soy.

Sancha
Pues ¿tienes por qué?

Felipa
Respóndate mi tristeza.

Sancha
Dime tus penas amargas;
que soy Vargas, y es razón
que en aquesa confusión
averigüe tu mal Vargas.

Felipa
Alegre estás.

Sancha
Sabe Dios
el dolor que me condena,
y si hay una misma pena,
señora infanta, en los dos.

Felipa
Grande amistad te ha cobrado
Ramiro; mucho te quiere.

Sancha
Entre todos me prefiere;
yo soy su mayor privado.

Felipa
Si tanto te ha satisfecho,
no hay duda sino que sabes
su amor, dándote las llaves
de su voluntad y pecho.
Dime, ansí Dios te dé vida,
si es que, como pienso, ama,
quién es su dichosa dama.

Sancha
(Ya veo, cielos, prevenida
la ocasión que deseaba.)
Diréte, señora mía,
lo que antes no me atrevía,

aunque cuidadoso andaba.

Felipa — Pues ¿qué sabes? Dilo aprisa.

Sancha — Ramiro me había rogado
que te trujese un recado
en que de su amor te avisa.

Felipa — Pues ¿quiéreme bien a mí?

Sancha — Con una pasión extraña.

Felipa — Ya él me ha dicho que me engaña.

Sancha — ¿Que te engaña ha dicho?

Felipa — Sí.

Sancha — A mí me engaña también.

Felipa — Pues ¿cómo?

Sancha — Porque me ha hecho
alcahuete sin provecho
de la que no quiere bien.

Felipa — Es un engaño discreto
para amartelar después
a mi dama doña Inés;
ya yo he sabido el secreto.

Sancha — ¡Oh aleve, oh falso, oh traidor!
¿Con cautela me has tratado
por desvelar mi cuidado?

¿Ansí se engaña un amor?

Felipa

Enojado estás. ¿Qué es esto?
Paso, Vargas; vuelve en ti.

Sancha

Si me encolerizo ansí,
es porque en esto me ha puesto;
que pensará vuestra alteza
que soy mentiroso yo.

Felipa

No haya más.

Sancha

Ya se acabó
mi pesar y mi tristeza.

Felipa

Verdad pienso, Vargas, que es
que don Ramiro me quiere,
y engañará, si lo fuere,
de esta suerte a doña Inés.
Vargas ¿quiéresme obligar,
ya que tu ingenio te ayuda?
Pues sácame de esta duda.

Sancha

Vargas lo ha de averiguar.
Retírese vuestra alteza
y déjeme hacer a mí.

Felipa

Adiós; desde hoy pongo en ti
mi esperanza y mi tristeza.

(Vase. Sale don Dionís.)

Dionís

Vargas.

Sancha Señor.

Dionís Todo el día
ando en tu busca.

Sancha Aquí estoy.

Dionís Pues en albricias te doy
de hallarte esta prenda mía.
Recibe aquesta cadena
por primera obligación.

Sancha No quiero yo más prisión;
que una tengo, y no es muy buena.

Dionís Ya sabrás, pues no es posible
que se disimule tanta
afición, como a la infanta
quiero bien.

Sancha Caso imposible
debe de ser; que la veo
ajena de voluntad.

Dionís Pues de esa dificultad
ha nacido mi deseo.
Tú, que a solas tantas veces
la entretienes, muestra y di
el amor que has visto en mí,
y que sus ojos sean jueces
de mi pasión, y sentencien
en mis amores constantes;
que desiguales amantes
no es bien que se diferencien.

Sancha — Yo haré todo lo que alcanza
mi ingenio.

Dionís — Ve satisfecho
que ha de ser en tu provecho.

(Vase.)

Sancha — Adiós. ¡Qué buena esperanza!
Hoy he de hacer maravillas;
no va mala aquesta historia.
¿Mas que ha de quedar memoria
en Santarén de Varguillas?

(Vase. Salen doña Felipa y Ramiro.)

Ramiro — Mi gloria tengo en miraros,
todo mi contento en veros,
dicha y regalo en hablaros,
gusto y deleite en quereros,
firmeza eterna en amaros.

Felipa — Hablaisme por doña Inés,
y ansí, como fui tercera,
respuesta traigo.

Ramiro — ¿Quién es
doña Inés?

Felipa — La verdadera
dama vuestra; dice, pues,
que os ama y que recibió
vuestros favores muy bien.

Ramiro — Pues ¿quién se los declaró?

Felipa — Harto bueno es eso. ¿Quién?
¿No me lo dijisteis?

Ramiro — ¿Yo?
¡Qué mal mi amor considera
la pena que en vos me aflige!

Felipa — Pues ¿no me hicistes tercera?

Ramiro — Señora, el refrán os dije
de «a ti te lo digo, nuera».
Hablemos claro.

Felipa — ¿Qué es esto?
Apartaos, no me enojéis.

Ramiro — Vos os enojáis tan presto,
que darme muerte queréis.
¿No es condición que hemos puesto...?

Felipa — No me acierto a declarar.

Ramiro — No acierto a darme a entender.

Felipa — (Quiérole hablar.)

Ramiro — (Voyla a hablar.)

Felipa — Pues no me habéis de ofender.

Ramiro — Pues no os habéis de enfadar.

Felipa

Ramiro, pues vos de mí
fiáis vuestro amor, bien puedo
fiarme yo de vos.

Ramiro

Sí.

Felipa

Comienzo a perder el miedo.

Ramiro

Yo el mío ya le perdí.

Felipa

Sabed que yo quiero bien
a don Dionís.

Ramiro

(¿Qué quimera
es ésta, cielos?) ¿A quién?

Felipa

Pues yo fui vuestra tercera,
sed mi tercero también.

Ramiro

Pues hacedme a mí tercero
como yo tercera a vos.

Felipa

Yo eso pido.

Ramiro

Yo eso quiero.

Felipa

Ansí ha de ser.

Ramiro

¡Plega a Dios!
que dichoso fin espero.

Felipa

A don Dionís le diréis
que, aunque no se ha declarado,

le quiero bien; ya sabréis
dar como vuestro un recado,
si amor secreto tenéis.
  Y decilde que le ruego
que sea más atrevido,
pues yo a decírselo llego;
y que esta noche le pido
que, a pesar de su sosiego,
  me vea por el balcón
sin reja que al jardín mira
del parque; que hay ocasión,
y si de ella se retira,
que culpe su dilación.
  En ausentándose Apolo
id; que el amor que acrisolo
estará aguardando. Adiós.
Decid que vaya con vos,
Ramiro, y que venga solo.

Ramiro	¿Solo y conmigo?

Felipa	¿Qué os cuesta
el decir esto?

Ramiro	Ahora bien,
ya le daré esa respuesta.

Felipa	Ramiro, id allá también,
porque sin vos no habrá fiesta.

(Vase.)

Ramiro	¿Solo y conmigo y sin mí?
¿Que vaya yo y que él se quede?

¿Qué locura o frenesí
es ésta, amor? ¿Cómo puede
cumplirse este enredo ansí?
Pero, alma, si lo advertís,
vuestra dicha conseguís
en el enigma que hoy miro,
que es amar a don Ramiro
con nombre de don Dionís.

(Sale Sancha.)

Sancha ¡Palaciego!

Ramiro ¡Hermosa hermana!

Sancha No me digas ese nombre.

Ramiro Pues ¿no es verdad?

Sancha Cierta y llana;
mas ser hermana de un hombre
que quise, es cosa inhumana.

Ramiro ¿Hablaste por mí a la infanta?

Sancha Tan grande malicia es
la tuya, que nos espanta
a las dos. Es doña Inés
la que tus gustos encanta,
y quiere ser tu mujer,
¿y engañas con tus quimeras
a quien lo pudiera ser?

Ramiro Que son burlas.

Sancha			Que son veras;
que ya las vine a saber,
y doña Inés misma muestra
tus papeles y favores.

Ramiro			Necia cautela es la vuestra;
que no han dado mis amores
jamás semejante muestra.

Sancha			Pues la infanta se ha enojado;
que se lo ha dicho su dama.

Ramiro			Eso me pone en cuidado.
¡Ay de mí! de veras llama
a Dionís su enamorado.
Manda que vaya conmigo
para darme entre mil celos
de mi desdicha castigo.
Si no entiende mis desvelos,
liviana esperanza sigo.

Sancha			¿A don Dionís llama?

Ramiro			Sí,
y pensé que la cautela
era de llamarme a mí;
pero si yo en esta escuela
del amor las aprendí,
esta noche he de ir sin él
al balcón de su jardín,
y con la sombra fiel
de la noche, daré fin
a mi venganza cruel.

Daré mi mal a entender
por conocer su afición,
aunque si voy a perder
su fingida posesión,
no lo quisiera saber.

(Vase.)

Sancha

¿En nombre de don Dionís
vais a gozar la ocasión,
Ramiro? Si vos fingís
ser ladrón, yo soy ladrón
del amor que no adquirís.
Adelantarme he si puedo
con las alas de mi miedo
al jardín, por estorbar
que no la lleguéis a hablar;
que amor no es más que un enredo.

(Vase. Sale doña Felipa al balcón.)

Felipa

Noche, que desde los cielos,
hechos ojos las estrellas,
estáis mirando por ellas
mis amores y desvelos,
asegurad los recelos
que en mis pensamientos miro,
y pues de amores suspiro,
y vos mis quejas oís,
traedme aquí un don Dionís,
que sea solo un don Ramiro.
¿Si habrá entendido esta eni[g]ma?
Pero sí, porque el amor
siempre es buen entendedor,

y en cifras su fe sublima;
y si el que le tengo estima,
sabrá que entre los antojos
de mis mortales enojos,
cuando el temor me provoca,
llama a Dionís con la boca
y a Ramiro con los ojos.
  Discreto es, y bien me quiere;
yo lo he visto; pues ¿quién duda
que solo al terrero acuda?
Alma, avisad si viniere.

(Sale Ramiro, de noche.)

Ramiro — Amor, quien de noche os viere,
juzgará que a hurtar venís,
y en mí ese oficio cumplís;
que como en el alma os tengo,
hecho ladrón a hurtar vengo
favores de don Dionís.
  La infanta por mil rodeos
muestra que me quiere bien,
si no se engañan también
mis ojos cual mis deseos;
mis pensamientos, Teseos
de este laberinto estraño,
o mi provecho o mi daño
averigüen; que me asombra
este don Dionís en sombra,
cabeza de este engaño.
  Gente en la ventana siento.
¡Ce! ¿Es la infanta?

Felipa — ¿Es don Dionís?

Ramiro — Don Dionís soy.

Felipa — ¿Y venís
solo?

Ramiro — Con mi pensamiento.

(Sale don Dionís.)

Dionís — Solo en este sitio siento
descanso; amorosas quejas,
de puro antiguas y viejas,
como el fénix renacéis,
para que me atormentéis.
Mas gente siento en las rejas.
¡Válgame Dios! ¿Quién será?

Felipa — ¿Viene Ramiro con vos?

Ramiro — Si un alma somos los dos,
¿quién duda de que vendrá?

Felipa — Don Dionís, amor os da
la posesión que adquirís,
y pues que tan bien fingís
lo que ni sois ni en vos miro,
desde hoy querré en don Ramiro
el nombre de don Dionís.

Dionís — (¿Qué Dionís es éste, cielos?)

Ramiro — ¿Que merezco, hermosa infanta,
tanto favor, dicha tanta?

Dionís (La infanta es esta; ¡ay recelos!)

Ramiro Ya don Dionís me da celos.

Felipa Yo, como con él venís,
y en el alma lo encubrís,
por uno os tengo a los dos,
y por quereros a vos,
quiero bien a don Dionís.

Dionís (¡A don Dionís quiere bien!
De mi ventura me admiro.
Sin duda que es don Ramiro
quien la habla; ya no le den
fama los que en Santarén
solenizan su valor,
pues siendo a mi fe traidor,
el nombre a usurparme vino.)

(Sale Sancha, de noche.)

Sancha (Que vengo tarde imagino;
perezoso sois, Amor.)

Ramiro Digo que soy don Dionís;
ya jamás pienso mudar
nombre que os obliga a amar.

Felipa Bien habláis y bien fingís.

Dionís (Alma dichosa, ¿qué oís?
La infanta está declarada
de mi parte y, engañada,

pensando que habla conmigo,
favorece a mi enemigo;
probad, venganza, su espada,
pues que su fe habéis probado.)

Sancha

(Ramiro se adelantó,
y habla a la infanta; cesó
mi paciencia, y ha llegado
mi receloso cuidado
a dar muerte a mi sosiego;
pero pues tan tarde llego,
y ellos se hablan tan despacio,
gritemos.) ¡Fuego en palacio!
¡Agua traigan! ¡Fuego, fuego...!
(con que se abrasen los dos,
como mi pecho se abrasa.)

Felipa

¡Ay cielos! ¿Fuego hay en casa?
Adiós.

Ramiro

Voyme.

Felipa

Adiós.

Ramiro

Adiós.

(Quítase doña Felipa del balcón, y vase Ramiro.)

Sancha

(El fuego, alma, os quema a vos.)

Dionís

(Ya se apartaron. ¡Qué ciego
que estoy! Si el desasosiego
presente no lo estorbara,
Ramiro falso, hoy probara

quién sois.)

Sancha ¡Agua! ¡Fuego, fuego!

Fin de la segunda jornada

Jornada tercera

(Sale don Dionís.)

Dionís

Basta, que fingido ha sido
este fuego o este encanto;
pero de esto ¿qué me espanto,
si ha sido amigo fingido
don Ramiro fementido?
Otra vez me traen los celos
a averiguar mis desvelos;
haced que venga, esperanza,
don Ramiro, y mi venganza
satisfaga a mis recelos.
Para sí mismo ha ganado
la amorosa empresa mía;
quisiera verme vengado;
mas quien de amigos se fía,
merece hallarse engañado.
Y siendo así, yo he tenido
la culpa, que mi esperanza
por mal fundada he perdido,
y no tomaré venganza,
aunque me sienta ofendido.
Pero cuando no la espada
se vengue de su enemigo,
la lengua disimulada
puede darle algún castigo,
de su esperanza engañada.
Vuelvo al terrero, y deseo
que en él don Ramiro esté,
porque si a solas le veo,
sin vengarme le diré
que me agravia y no lo creo.

Y con esta cortesía
castigo su atrevimiento
y la confianza mía,
sin que del rigor violento
pueda quejarse otro día.

(Sale Ramiro.)

Ramiro

(Dos contrarios movimientos
de un mismo cuerpo en la nave
se hallan no ser violentos,
y el amor hacerlos sabe
del cuerpo y los pensamientos.
Yo salía del terrero,
y [el] pensamiento volvía;
y como yo considero
que él tiene razón, querría
volverme aquí todo entero.)

Dionís

(Éste es don Ramiro; él fue
falso a mi fiel esperanza;
yo llego y me vengaré;
mas de mí pido venganza
que el secreto le fié.)

Ramiro

(Yo llego al balcón y sigo
mi dichosa voluntad.)
Mas... ¿quién es?

Dionís

Vuestro enemigo,
porque en la prosperidad
nadie ha menester amigo.

Ramiro

Es prosperidad pequeña

la mía, y me desengaña
que es la fortuna que sueña
y la próspera me engaña,
pero la adversa me enseña.
Decid quién sois.

Dionís

Bien pudiera
decir quién soy y también
mis padres, si yo quisiera.

Ramiro

(Yo no tengo tanto bien.
¡Quién sus padres conociera!)

Dionís

(Así me puedo vengar,
porque como el sabio advierte,
si en la lengua se han de hallar
juntas la vida y la muerte,
por ella se pueden dar.
Dice Salomón que tiene
manos la lengua y con ellas
se venga cuando conviene,
y ansí mi lengua a usar de ellas,
y no de mi espada, viene.)

Ramiro

Decidme ya, caballero,
pues podéis, quién sois.

Dionís

Yo soy un amigo verdadero
de don Ramiro, que estoy
por él guardando el terrero.

Ramiro

¿Amigo?

Dionís

Sí; ¿es cosa nueva?

La amistad del poder nace,
y los amigos se lleva;
la prosperidad los hace,
y la adversidad los prueba.

Ramiro

Si sois su amigo, obligado
estaréis a su defensa.

Dionís

No sé si soy bien pagado,
porque no estima ni piensa
que le sirven el privado.
Don Ramiro me perdone,
porque es muy noble en su trato,
y la fama le corone.

Ramiro

Señor, quien le llama ingrato,
todas las faltas le pone.

Dionís

Pésame si le he llamado
ingrato, y si alguna queja
de su olvido me ha quedado,
no por ingrato me deja,
sino por enamorado.
Que al amor algún discreto
le puso venda en los ojos,
por disculparle en su efeto;
que no ve si causa enojos,
ni ve si guarda respeto.

Ramiro

(¡Oh cortesana elocuencia!
¡Qué sabiamente ha culpado
mi mala correspondencia,
disculpado y condenado
con una misma sentencia!

No me quiero declarar,
porque si la he de romper
¿qué palabra le he de dar?
Las prendas debe poner
quien determina pagar.)

Dionís — Mucho os detenéis, señor.
Ea, salid del terrero;
que es muy celoso en su amor
don Ramiro, y yo no quiero
que lo atribuya a temor.

Ramiro — Yo me iré si me decís
quién sois.

Dionís — Seré don Ramiro.

Ramiro — Pues ¿en su nombre venís?

Dionís — ¿Qué os admiráis?

Ramiro — No me admiro.
(¡Qué discreto es don Dionís!)

Dionís — ¿Conocéisme? ¿Sabéis cosa,
contra esta verdad que digo
y defiendo, sospechosa?
¿No es don Ramiro mi amigo?
¿Es su amistad cautelosa?
¿Trátame en ausencia mal,
o pretende, por ventura,
siendo amigo desleal,
trasladarse la hermosura
que adoro en original?

¿Hame ofendido siquiera
en amar a quien yo quiero?
Que, aunque parece ligera
para un noble caballero,
es la ofensa verdadera;
que yo no le he menester
para que a su rey le pida
la merced que me ha de hacer;
que soy quien soy, y en mi vida
usé de ajeno poder.

Ramiro

No os alteréis; que si yo
no sé quién sois, mal sabré
si ese hidalgo os ofendió,
y don Ramiro yo sé
que no se desvaneció
por la privanza; que, en suma,
sabe que el rey es un mar
donde el privado es la espuma,
y algún viento ha de llegar
que la deshaga y consuma.
No es don Ramiro avariento
de honra; que antes las deja;
que el propio conocimiento
sirve de piedra a esta abeja,
porque no la lleve el viento.
No es hombre que habrá usurpado
vuestro amor; que es tan querido,
y de todos tan amado,
que no es, y siempre ha sido,
envidioso y envidiado.

Dionís

No digáis más; que parece
que sois más amigo suyo

que yo, y ninguno merece
más su amistad.

Ramiro
Restituyo
su amor a quien se le ofrece.

Dionís
Pues sois su amigo también,
dejadme solo, y decid
a don Ramiro cuán bien
con mi prudencia y ardid
guardo a quien él quiere bien.
Que ansí le pienso obligar,
si no es ingrato y cruel,
y al mar pretende imitar,
que entra el agua dulce en él
y la vuelve amarga el mar.
Que ansí le aviso, y no quiero
parecer, si no lo digo,
mentiroso lisonjero;
que es más verdadero amigo
quien habla más verdadero.
Que soy su espejo, y no dejo
de prevenirle su mal
con mi industria y mi consejo.

Ramiro
No es buen amigo y leal
para su amigo el espejo.
El amigo ha de imitar
al agua, que a quien en ella
su mancha llega a mirar
se da a sí misma, y con ella
se puede también quitar.
Que el espejo que declara
la mancha y no da el remedio,

no es amistad noble y clara,
sino envidia, que por medio
honesto sale a la cara.

Dionís
Yo a don Ramiro después
a solas le pienso dar
el remedio.

Ramiro
Voyme, pues.

Dionís
Será el remedio olvidar.

Ramiro
Él se olvida que lo es.

(Vase.)

Dionís
Muy grande satisfacción
he recibido y le he dado;
grande arma es la discreción,
panal dulce, al fin, labrado
en la boca de Platón.

(Sale doña Felipa, a la ventana.)

Felipa
Parece el sueño a la muerte
en no venir pretendido,
y ansí de ninguna suerte,
aunque al sueño llamo y pido,
quiere que con él acierte.
Vuélvome al balcón; que en él
por ventura el adivino
corazón, que siempre es fiel,
quiere descubrir camino
menos áspero y cruel.

Dionís (La infanta es ésta; quisiera
salir de esta confusión,
aunque no fue la primera;
pero hasta la posesión
tendré esperanza siquiera.
(Llega a la ventana.) Señora, ¿estaré seguro?)

Felipa Sí; llegad.

Dionís Dudo si llego,
porque es de fuego este muro
del paraíso, aunque es fuego
como el del infierno, oscuro.
Pero es fuerza que me atreva,
mi querubín, a llegar;
que para mí es cosa nueva
que a Adán mandéis desterrar,
cuando guardáis dentro a Eva.
Querubín enamorado,
mirad que servís a Dios
con la espada que os ha dado,
que vamos juntos los dos
con un amor y un estado.
Eva ¿no me respondéis?
Hablad, dulce compañera,
y pagad lo que debéis,
pues antes que os conociera,
os di el alma que tenéis.

Felipa ¿Qué he de hablar, si no he sabido
quién sois?

Dionís ¿Qué decís, señora?

¿Por vos soy desconocido?
¿No era don Dionís agora
por vuestro amor admitido?
Don Dionís soy; ¿este nombre
ignoráis y la ocasión
de hablar tan claro el que es hombre
por vuestro amor y afición
para que el amor se asombre?
¿No me queréis don Dionís?
Llamadme, señora mía,
otro nombre, si os servís,
pues soy Dionís desde el día
que aqueste nombre admitís;
porque no era yo primero
que os quisiese, hermosa infanta,
don Dionís, ni caballero,
ni tuve el ser que levanta
el vuestro a quien tanto quiero.

Felipa — ¡Qué lisonjero venís!

Dionís — «¡Qué verdadero!» diréis.

Felipa — Bien hacéis a don Dionís.

Dionís — Vos, señora, le hacéis,
pues el alma le infundís.
Estábame yo en la aldea
de vuestra ausencia (y no hay corte,
ausente vos, que lo sea)
acerté a ver ese norte,
que en dulce tálamo vea;
comencé en aquel instante
a levantarme del suelo

y a ser don Dionís amante,
como cuando el Sol del cielo
levanta su flor gigante.
Y ansí, mirándoos a vos,
tengo de andar por extremos,
hasta que permita Dios
que mude el nombre y estemos,
flor y Sol, juntos los dos.

Felipa

¿Quién puede a palabras tales
resistir? Digo, señor,
que si prendas y señales
no las siente el pagador,
se acaben ya nuestros males.
Mañana en la noche quiero
que entréis conmigo en palacio.
No digo más; que no espero
beber la purga despacio,
cuando de vergüenza muero.

Dionís

Dame, mi señora, en prendas
de tal dicha, algún favor
con que más mi amor enciendas.

Felipa

Tomad; que al buen pagador
jamás le dolieron prendas.

(Dale una banda, y vase.)

Dionís

¡Oh banda, cuyos despojos
echan en esta conquista
a una banda mis enojos,
y para darme a mí vista,
la quita amor de sus ojos!

Ya de mi esperanza blanda
será cierta la demanda,
pues para la posesión
sois carta de obligación;
¡mil veces dichosa banda!

(Sale Ramiro.)

Ramiro

(En obligación me ha puesto
el día largo y prolijo,
si no le divierto en esto,
porque, como César dijo,
quien hace bien hace presto.
A don Dionís quiero hablar;
que el aplacar enemigos,
cuando es menester usar
de verdaderos amigos,
siempre es digno de estimar.)

Dionís

Mil veces seáis bien venido,
don Ramiro; que jamás
con más gusto he recebido
a amigo, ni los demás,
respeto de vos, lo han sido.
Considerad si en el mar
contra un vaso frágil roto,
sin prevenir ni pensar
tan gran tormenta el piloto,
se comienza a levantar,
¡qué gran contento tuviera
si entonces saliera el Sol,
y el norte reconociera,
porque del muerto farol
las muchas faltas supliera!

Yo, amigo, en el mar de amar
en vaso harto pequeño
comenzaba a navegar;
llegó la noche, entró el sueño,
turbóse confuso el mar.
Era el vaso el corazón,
la infanta el mar, la esperanza
el farol; y a una ocasión
faltaron luz y bonanza,
y creció mi confusión.
No sabía yo de mí
ni estaba cierto de vos;
de vuestra lealtad temí;
pero vino el Sol que Dios
crió y formó para mí;
halléme desengañado,
reconocí luego el puerto,
reparé el vaso quebrado;
ya estoy de mi dicha cierto,
y de vos muy confiado.
Conocí que no os amó
la infanta, y no pretendéis
su amor, ni ella me ofendió;
que esta noche me veréis
entrar en su cuarto yo.
Voyme; que estoy prevenido
para esta noche; que en ella,
don Ramiro, he merecido
gozar a mi infanta bella.
Adiós; el secreto os pido.

(Vase.)

Ramiro Lo que yo más deseaba

era esta nueva, dichosa
para quien de ella gozaba;
ya mi esperanza engañosa,
aleve infanta, se acaba.

Antípodas me parece
que somos Dionís y yo,
pues que, cuando en mí anochece
el Sol de amor, le salió,
y en su ventura amanece.

Pero no puedo creer,
infanta, tan gran mudanza;
engaño debe de ser,
o lo será mi esperanza,
porque la tengo en mujer.

Aunque mi corta ventura
y tu nobleza me asombra;
pero no hay prenda segura;
que es la mujer y la sombra
de cualquier color oscura.

Mal dije; que mi señora
es leal; temor, mentís,
pues la memoria no ignora
que en nombre de don Dionís
os favoreció hasta agora;

y con el nombre sin duda
de este engañoso recelo
mi competidor se ayuda;
que es la infanta como el cielo
glorioso, que no se muda.

Y si es por mí su afición,
bien le puedo yo quitar
mi hacienda toda al ladrón.
La bendición le he de hurtar,
pues me llama la ocasión.

(Vase. Salen don Duarte y Sancha.)

Sancha

Por Dios, señor don Duarte,
que vos solo me faltáis
de mi copia, y ya llegáis
a darme memoria y parte
de vuestros deseos ardientes,
que en palacio no son pocos,
porque esta jaula de locos
no cabe de pretendientes.
El rey está aficionado
a una niña que es como él,
la infanta doña Isabel
con quien está concertado.
Don Ramiro y don Dionís
están perdidos los dos.

Dionís

¿Por quién?

Sancha

Dadme cuenta vos
de la dama a quien servís,
porque no quiero yo agora
que améis los tres a una dama,
y dar celos a quien ama,
en riesgo de tal señora.

Dionís

Vargas, tu mano es tan buena,
que al órgano he comparado
la corte, que no tocado
de esas tus manos, no suena.
Una tecla vengo a ser
del órgano cortesano;
si tú no pones la mano,

no he de sonar ni tañer.
Quiero bien a doña Inés;
por ella, Vargas, suspiro.
Don Dionís o don Ramiro
¿preténdenla?

Sancha

No, otra es.

Duarte

Pues, Vargas del alma mía,
dile mi pena mortal.
Toma esta joya en señal.

Sancha

Tomar es bellaquería,
porque alcahuete por toma
no se imagina bien de él,
y una mitra de papel
le dan sin bulas de Roma;
y alcahuete que lo usa
por su deleite no más,
o no le culpan jamás
o no falta quien le escusa.
Dadme vos una memoria,
porque, o no ha de ser quien es
Vargas, o con doña Inés
habéis de hacer pepitoria.

Duarte

Pues, adiós, tercero mío.

(Vase.)

Sancha

La infanta viene; hoy sabré
en qué punto está la fe
que en don Ramiro confío.

(Sale doña Felipa.)

Felipa

Vargas, muy quejosa vengo
de vuestra prolija ausencia.

Sancha

Sabe Dios la diligencia
que yo en vuestras cosas tengo.

Felipa

No se me luce, en verdad.

Sancha

Bien parece, mi señora,
que no sabéis vos agora
mi cuidado y voluntad.

Felipa

¿Es cuidado que os desvela?

Sancha

Esa palabra me agrada;
que viene bien comparada
mi diligencia a la vela,
pues yo me consumo y quemo
para alumbraros a vos;
que os sirvo, y bien sabe Dios
lo que lo siento y lo temo.

Felipa

No sé cómo puede ser,
supuesto que vos no amáis
al galán por quien terciáis,
porque vos no sois mujer.

Sancha

Es verdad, muy bien decís;
pero importa diligencia,
como tienen competencia
don Ramiro y don Dionís;
pues cada cual forma queja

y se pretende ofender,
y otra fábula ha de ser
de la lechuza y corneja,
que una a otra se rompía
el nido y los huevos de él,
y de un rigor como aquél
ningún polluelo nacía.

Felipa

Pues yo, que consideré
que en ocasiones de amor
quien lo siente habla mejor,
por mí misma negocié.
Y al fin, pues he negociado
por mí misma, yo también
quiero conseguir el bien
que he por mí misma alcanzado.
Con nombre de don Dionís,
volvió Ramiro al terrero,
y aquesta noche le espero
por mi esposo.

Sancha

¿Qué decís?

Felipa

Que queda ya concertado
el tiempo en que le he de ver,
sin tener que agradecer
a vuestro poco cuidado.

(Vase.)

Sancha

Espera, enemiga mía,
sirena del mar, escucha,
pues de la grave tormenta
que yo lloro y siento, gustas.

¿Que ya el concierto está hecho?
¿Que ya me llevas y usurpas
en un día cuanto el alma
abrasada en tantos busca?
Suspiros y pensamientos
que ya se encuentran y juntan,
vientos han de ser que paren
en tempestades confusas.
Loca estoy; bien estoy loca,
que a quien faltó la ventura,
falta el juicio, y no siente
el rigor de su fortuna.
Juicios enamorados
con facilidad se turban;
que como es poca su luz,
quedan con un soplo a escuras.
¡Ah de palacio! ¡Hola, gente,
guardaos! Que suelta su furia
la tormenta de mis celos
en el mar de mis injurias.
Ayuda, amor, que la tormenta es mucha,
mas ¿cómo puede dar un ciego ayuda?

(Sale Cabello.)

Cabello

¿Quién da voces por aquí?
Vargas o Sancha, ¿qué angustias
te obligan a que alborotes
la gente que nos escucha?

Sancha

Tente, necio, no te anegues
en el mar donde fluctúan
las desdichas que me llevan
al puerto de mis locuras;

tente, que te mojas, tente.

Cabello ¿Ya tenemos garatusas?
¿Adónde diablos me mojo?
O estás sin seso o te burlas.

Sancha ¿No ves en el mar de agravios
las olas negras y turbias
de mis celos, que combaten
la casi rota chalupa
de mi burlada esperanza?
Échate a nado, si gustas
de ayudarme en la tormenta.

Cabello Tu juicio las afufa.

Sancha ¡Ah perro! ¿Anegar me dejas?
Lealtad al fin como tuya.
Yo te mataré, villano.

(Golpéale.)

Cabello ¡Ay, que me pelas! Escucha.

Sancha Conmigo te has de embarcar.

Cabello ¿Cómo, si está más enjuta
la tierra que están tus cascos?
(En creciente anda la Luna.)

Sancha No me repliques, traidor.

Cabello (¿Quién me trujo aquí?)

Sancha — Desnuda
la ropa y échate a nado.

(Quítanse las capas los dos.)

Cabello — Échome a nadar, con Judas.
Válgate el diablo por Vargas.

Sancha — ¡Ea, nada!

Cabello — Si me empujas.
¡Cuerpo de Dios, y qué amarga
que estaba el agua, y qué sucia!

(Escupe.)

Sancha — ¡Ea, sube en mi galera!

Cabello — ¿Ésta es galera?

Sancha — ¿Eso dudas?
La galera de mi amor,
que, cortando las espumas
de imposibles y de estorbos,
a vela y remo procura
llegar a «Buena Esperanza».

Cabello — Yo llego a mala ventura.

Sancha — Ea, ¿no tomas un remo?

Cabello — Luego ¿vengo a ser en suma
galeote?

Sancha — Soylo yo,

villano, ¿y eso preguntas?
En la galera de amor
todos reman, todo es chusma,
que aunque no hay amor forzado,
forzadas almas injuria.
Ea, que no faltará
bizcocho negro de angustias,
que en vinagre de sospechas
mojes, que es comida suya.
Vaya.

Cabello — Vaya con el diablo.

Sancha — ¿Remas?

Cabello — ¿No lo ves?

Sancha — Procura
no dar enojo al agravio,
que es cómitre de la trulla.
Buen viaje.

Cabello — Buen viaje.
¡Heme aquí sin tener culpa,
de lacayo, galeote!

Sancha — ¡Qué bien que la quilla surca
las olas de mis temores!
Mas ¿no ves cómo se ofusca
entre nubes de sospechas
el cielo de mis venturas?

Cabello — Ya lo veo. (¡Oh si se hiciese
pedazos ya, y mi fortuna

me librase de esta loca,
que me ha de matar sin duda!)

Sancha	Perdidos somos.

Cabello	Seamos.

Sancha	¿No ves las galeotas turcas
que nos vienen dando caza?

Cabello	¡Y cómo!

Sancha	¿Cuántas son?

Cabello	Muchas.
Una, dos, veinte, doscientas.

Sancha	Mientes, perro, no es más de una;
pero ésa llena de celos,
que son turcos.

Cabello	Sean lechuzas.

Sancha	Huyamos. Boga, canalla.

(Dale.)

Cabello	Quedo. (¡Mal haya la puta
de mi abuela!) Que me matas.

Sancha	Lo que se usa, no se escusa;
eso se usa en la galera.
Rema apriesa; que se junta
el enemigo y dispara
balas de agravios y injurias.

La galera se va a fondo;
ya la han entrado, ya busca
a mi don Ramiro ingrato
la infanta. ¡Amor la destruya!
Capitán de la galera
la ha hecho mi desventura,
y si cautiva a mi amante,
que ha de matarme ¿quién duda?
¡Oh quién se volviera agora
la cabeza de Medusa
para convertille en piedra!
Mas ¿por qué, si es piedra dura?
Solo un remedio hay, Cabello,
que en aquesta coyuntura
pueda esconder a Ramiro
y hacer mi dicha segura.

Cabello ¿Y es?

Sancha Que te hagas ballena,
y pues que la infanta busca
a Ramiro, te le tragues;
que, no hallándole, no hay duda
que se vaya y que nos deje.
¡Linda traza!

Cabello Como tuya.
¿Cómo diablos he de ser
ballena yo?

Sancha No hay excusas.
Abre la boca.

Cabello Ya la abro.

Sancha — Ea, trágale; ¿qué dudas?

Cabello — Vaya.

(Hace que se traga una cosa grande.)

Sancha — ¡Ah perro! no lo muerdas.

Cabello — Que no le muerdo ¡con Judas!
Sin ser de Madrid, me has hecho
ballenato. ¿Hay mayor burla?

Sancha — Ya le busca mi enemiga,
y a todos por él pregunta;
no le ha hallado; y se fue;
venció mi amorosa industria.
bien puedes volverle a echar;
escúpele aquí.

Cabello — ¿Que escupa?
Ves aquí escupo.

Sancha — ¿Qué es de él?

Cabello — ¿Qué diablos sé yo?

Sancha — ¿Tú le hurtas,
traidor?

Cabello — ¿Yo? Pues ¿para qué
le quiero?

Sancha — Échale.

Cabello
Sin duda
que, como entró por la boca,
salió por la puerta sucia.

Sancha
¡Ah villano! ya te entiendo;
ya sé que esta noche gustas,
llevándosele a la infanta,
hacer que sea esposa suya.
Concierto es de entre los dos;
ser su alcahuete procuras.

Cabello
¿Quién vio ballena alcahueta
por más cuentos o aventuras
que haya visto en Amadís?

Sancha
Ballena infame, no huyas;
dámele, pues le tragaste,
que es carne, y no tienes bula.

Cabello
¡Quedo, con todos los diablos!
Que eres de casta de bubas,
que me vas pelando todo.
Barrabás te aguarde.

(Vase.)

Sancha
Escucha.
Mas huye, cruel Ramiro; que aunque huyas,
adonde sobra amor, vence la industria.

(Vase. Sale doña Felipa.)

Felipa
El que te pintó con alas,
Amor, fue su pensamiento

decir que en atrevimiento
a cualquier monstruo te igualas.
Bien te puedes disponer
a darme en esto, ocasión,
tus alas; que el corazón
otras dos ha menester;
y con cuatro alas querría
ser efimerón de amor,
aunque es gusano, en rigor,
que nace y muere en un día.

(Sale Ramiro.)

Ramiro

(El reloj que traigo al pecho,
que es la memoria y cuidado,
la hora pienso que ha dado
que señala mi provecho.
¿Si hallaré ya prevenida
a la infanta, en quien deseo
hacer el dichoso empleo
para el caudal de mi vida?
Ella es; quiero llegar.)

Felipa

¿Es don Dionís?

Ramiro

No, señora;
que si lo he sido hasta agora,
ya no es tiempo de engañar.

Felipa

Determinado venís.

Ramiro

Si ya os gozo, no es razón
usar la equivocación
del nombre de don Dionís.
Hasta agora mi temor,

mi cuidado y mi secreto
usaba este ardid discreto,
y era este nombre mejor.
Hasta agora en ser tercero
tenía, señora, gusto;
pero desde aquí no es justo
sino el nombre verdadero.

Felipa

Decís muy bien, don Ramiro;
desengañado venís;
pero el nombre de Dionís
con buenos ojos le miro;
que como por aquel nombre
vengo hoy a adquirir mi bien,
justo es que le quiera bien;
que ese nombre os ha hecho hombre.

Ramiro

Yo quiero el nombre por mío;
llamadme así, si conviene,
pues un mismo nombre tiene,
con ser diferente, el río.
¿No es río, señora mía,
las aguas y la corriente
que lleva? ¿Y no es diferente
agua y río cada día?

Felipa

Claro es.

Ramiro

¿No llega a tener
cada día nombre nuevo?
Pues ansí soy río que llevo
al mar de amar y querer
mi larga corriente y curso,
haciendo con su mudanza

más fértil a mi esperanza,
y más caudal mi discurso.
Nombre pudiera mudar
el río y yo cada día;
mas si vos, señora mía,
el mismo me queréis dar,
juzgaréis como prudente
que yo soy río, y no quiero
mudar el nombre primero,
aunque ya soy diferente.
Si de este nombre os servís,
y en él mis provechos miro,
góceos a vos don Ramiro,
y llamadme don Dionís.

Felipa ¡Qué bien lo decís!

Ramiro Señora,
perdonadme cuando sea
mi pensamiento de aldea;
que no la olvido hasta agora.
Y mal la pienso olvidar,
pues pienso, señora mía,
que allá fui un tronco que había
en el campo por labrar,
y a vos, divino escultor,
os parecí de provecho,
pues de un leño me habéis hecho
un ídolo del amor.

Felipa Vuestra soy, y ansí no os puedo
alabar, porque es muy poca
la gloria en su misma boca.
Gente viene, y tengo miedo;
entrad, esposo y señor;

que con esa confianza
hoy se muda la esperanza
en la posesión de amor.

Ramiro

Vamos, que vuestra hermosura
aumentará el ansia mía,
como el agua clara y fría,
que aumenta la calentura.
Y porque mi amor entiendas,
te doy la mano.

Felipa

Señor,
como eres buen pagador,
nunca te dolieron prendas.

(Vanse. Sale Sancha, de mujer, en el parque.)

Sancha

Permitido es el engaño,
conforme a ley de derecho,
contra aquél que hubiere hecho
por otro engaño algún daño;
y si es sola la intención
ya dispuesta y prevenida,
por ley justa y permitida,
puedo robar al ladrón.
Don Ramiro ha de venir
por la infanta, a quien gozar
pretende; aquí me ha de hallar;
su dama me he de fingir.
Alma, a buen hora venís;
ya he entendido la cautela
con que su amor se desvela
con nombre de don Dionís.
Aunque finja aqueste nombre,

pues en sus engaños miro,
ya sé que con don Ramiro
viene encubierto el renombre.

(Sale don Dionís.)

Dionís

(La hora es ésta esperada
de un alma que aguarda en ella
gozar de su infanta bella
la posesión deseada.)

Sancha

(Él es; que no puede ser
haber entrado hasta aquí
otro galán.)

Dionís

¿Sois vos?

Sancha

Sí.
(¡Oh amor, grande es tu poder!)

Dionís

¿Cómo, mi bien, no venís?

Sancha

(¡Que mi gloria ha de ser tanta!
Pero llámale la infanta
por su gusto don Dionís,
y ansí le he de llamar yo
por gozalle con recato;
que es, siendo Ramiro, ingrato,
y siendo don Dionís, no.)

([Habla] bajo.)

Dionís

Señora, esa dilación
me ofende; que descubierto
tras de la tormenta el puerto,

la gloria tras la pasión,
ya parece tiranía
dilatarme tanto el bien.

Sancha — Eso digo yo también.

Dionís — Venid, pues, infanta mía;
que no soy dueño de mí
desde que el alma os miró.

Sancha — ¿No tenéis voluntad?

Dionís — No.

Sancha — ¿Y yo en vuestro nombre?

Dionís — Sí.

Sancha — Pues yo os mando que me deis
la mano.

Dionís — ¿Mándasme a mí?
[................-í?]
[..............-éis?]
Alma y mano vesla aquí,
y los brazos, porque entiendas
cuán poco me duelen prendas.
¿No soy buen pagador?

Sancha — Sí.

(Vanse. Salen el Rey, don Pedro, don Alfonso, y acompañamiento.)

Rey — Vengáis con bien, gran prior.

Alfonso

Señor, ¿Vuestra Majestad
me recibe? ¡Gran favor!,
aunque se debe a mi edad,
y con mi edad a mi amor.

Rey

A los servicios lo debo
también, y si es tan debido
favor, justa causa llevo,
y ansí los brazos os pido
para pagaros de nuevo.
¿Cómo llegó mi señora
la reina?

Alfonso

Con mucho gusto
de Castilla que la adora,
aunque lleva con disgusto,
señor, vuestra ausencia agora.
Mil regalos os envía,
y quisiera mil abrazos.

Rey

¡Ay madre del alma mía!

Pedro

También esperan mis brazos,
prior, su nueva alegría.

Alfonso

Señor, déme vuestra alteza
sus manos.

Pedro

El rey nos mira.
Basta ya.

Alfonso

De su grandeza
la fama misma se admira
por su valor y nobleza.

Rey

¿No se dice allá en Castilla
el gobierno y la prudencia
de mi tío?

Alfonso

Es maravilla
del mundo, que en su presencia
no se permite decilla.

Pedro

Hasta agora, gran señor,
no se ha podido mostrar
sino la paz y el favor;
agora comienza a usar
Vuestra Majestad valor;
que en la guerra que publica
contra el África, sospecho,
si envía a quien le suplica,
que ha de mostrarle mi pecho
una voluntad muy rica.

Rey

No quiero yo que vais vos,
señor infante, a la guerra,
no yendo juntos los dos.

Pedro

Si por ángel de la tierra
y del mar os puso Dios
(que el ángel que vio San Juan
en mar y tierra mostraba
que el buen rey y capitán
en tierra y en mar estaba
diestro, animoso y galán),
bien podéis cuando tengáis
edad, salir en persona;
pero agora no salgáis;

que vuestra edad os perdona
por el valor que mostráis.

Rey
Ya veremos en consejo
lo que más conviene. Adiós;
bien acompañado os dejo.
Dichoso el rey que en los dos
tiene su amigo y espejo.

(Vase con el acompañamiento.)

Pedro
Divino y raro valor
muestra el rey.

Alfonso
Con tal maestro
no puede menos, señor.

Pedro
Por merecerlo, le muestro
tantos estremos de amor;
pero de alguna tristeza
parece en el rostro noble
la señal y la aspereza.
Decilda; que siento al doble
esa pena.

Alfonso
Vuestra alteza
me ayude a sentir también
mi desconsuelo.

Pedro
¿Qué ha sido?
¿Quién os ha ofendido?

Alfonso
¿Quién
sino el cielo? Que he perdido,
señor, la mitad del bien.

A don Ramiro envié
a la corte...

Pedro — Ya está en ella
de suerte que en él se ve
ser la más luciente estrella
de Portugal.

Alfonso — Ya lo sé;
mas doña Sancha, su hermana,
a quien yo dejé en la aldea,
no parece; que inhumana
nuestra fortuna, desea
hacer mi esperanza vana.
En Momblanco estuve ayer,
y no he tenido otro indicio
de cuantos pude tener,
sino decir que es oficio
la mudanza en la mujer.

Pedro — Ese justo sentimiento
no sabré decir, prior,
con cuánto extremo le siento.

Alfonso — Y yo me espanto, señor,
que no me mate el tormento.

Pedro — De don Ramiro sabré
si tiene noticia alguna.

Alfonso — No se lo digáis...

Pedro — ¿Por qué?

Alfonso ...hasta ver si mi fortuna
me ampara y me guarda fe.

(Salen Cabello y Tabaco [hablando aparte].)

Tabaco ¿Hablas de veras, Cabello?

Cabello ¿No te lo dice su cara?

Tabaco ¡Que Sancha es el enanillo!
¡Válgate el diablo por Sancha!
Digo que es la piel del diablo.
¿Mas que la corte enmaraña?

Cabello No lo has de decir a nadie.

Tabaco No hablaré más que una urraca.
Pero ¿el gran prior no es éste?
¡Oh señor de mis entrañas!
Vengas con los buenos años;
pon en mi boca esas patas.
Triste estás; ¿qué es lo que tienes?

Alfonso No sé, Tabaco; levanta.

Tabaco Acá está también Cabello.
Llega.

Cabello (¿Qué haces, diablo? Calla.)

Alfonso Cabello, ¿qué haces tú aquí?

Tabaco Pues ¿no sabes lo que pasa?

(Hácele señas Cabello de que calle.)

(No lo diré, si esta vez,
a nadie.) Sabrás que Sancha,
la pastora de Momblanco,
que a todos nos enredaba,
y tú, señor, querías tanto,
ya no es Sancha, sino Vargas.

Pedro ¿Qué dices?

Tabaco Lo que éste dice.

Cabello ¡Qué bien el secreto guardas!

Pedro (Tiene razón. El enano
es Sancha; desde que en casa
entró, me ha tenido en duda
y sospechoso su cara.
Bien dije yo que otra vez
la había visto.)

Tabaco ¡Hay tal muchacha!

Alfonso Pues ¿qué es aqueso, señor?

Pedro Que ya ha parecido Sancha
por el modo más notable
que en este siglo oyó España.

Alfonso ¿De qué modo?

Pedro Está en palacio
y, con la mejor maraña
que vio el mundo, sirve al rey,

en enano disfrazada.

Alfonso ¿Cómo es aquesto, Cabello?

Cabello (Agora colgarme manda.)
Lléveme el diablo, si tengo
más culpa yo que una albarda.
Murió un enano en Momblanco,
vistióme de aquesta traza,
y con las enanas ropas,
sin saber dó me llevaba,
me trujo aquí a Santarén.

Alfonso Desde hoy se alegran mis canas.
¡Extraordinario suceso!
Vayan a llamarla.

Pedro Vayan.

(Vanse Cabello y Tabaco. Salen el Rey y don Duarte.)

Rey ¿Qué alboroto es éste, infante?

Pedro Si un rato, señor, aguardas,
verás de un agudo ingenio
marañas extraordinarias.

(Vuelven Cabello y Tabaco con Sancha, de dama.)

Sancha ¿El gran prior ha venido?
¡Señor mío!

Rey ¡Vargas!

Alfonso ¡Sancha!

Rey ¿De mujer?

Sancha Si mujer soy,
rey y señor, ¿qué te espantas?

Alfonso ¿Qué atrevimiento ha sido éste?

Sancha De amor, que como tiene alas,
las toma para emprender
los imposibles que alcanza.
Robóme el alma Ramiro
desde mi primera infancia,
vínose aquí, y yo tras él
vengo en busca de mi alma.
Con tu licencia, es mi esposo.

Alfonso ¿Qué dices?

Sancha Agora acaba
de consumarse, señor,
matrimonio y esperanza.

Alfonso ¿Qué dices, loca? ¿No ves
que eres de Ramiro hermana?

Pedro ¡Jesús mil veces!

Sancha ¡Ay cielos,
engañóme la ignorancia.
Mano me ha dado de esposo,
y poniendo su palabra
por obra, al fin me gozó.

Tabaco — Pues averígüelo Vargas.

Pedro — Llamad a Ramiro aquí.

Sancha — Encerrado está en la cuadra,
que ha sido de aqueste incesto
tercera muda.

Duarte — ¡Desgracia
notable!

Sancha — Aquéste es que sale.

(Sale don Dionís.)

Sancha — ¡Don Dionís!

Dionís — Infanta amada...

Sancha — Luego ¿no eres don Ramiro?

Dionís — Luego ¿no eres tú la infanta
que, gozando por esposa,
aseguró mi esperanza?

Pedro — ¿Cómo es eso, don Dionís?

Dionís — Pudiera ser, ya no es nada.

Sancha — Señor, lo que pasa es
que Ramiro sirve y ama
a la infanta, mi señora;
supe que habían dado traza
de desposarse esta noche,
y yo, que celosa estaba,

creyendo ser don Ramiro
don Dionís, dentro la cuadra
de la infanta, como esposo,
le di posesión del alma.

Pedro — Del mal lo menos.

Dionís — ¿Quién es
mujer que a todos engaña?

Sancha — Yo soy Sancha, una pastora.

Dionís — ¡Ay cielos! ¿Mujer tan baja
ha de ser mi esposa?

Pedro — Paso,
don Dionís, que es doña Sancha,
hija del rey don Duarte,
y del rey Alfonso hermana.

Dionís — ¡Válgame el cielo!

Sancha — ¿Qué dices?

Pedro — La verdad.

Alfonso — Y confirmada
por mí, señor, que a Ramiro
y a doña Sancha, la infanta,
he criado en traje humilde,
por mandado del rey.

Rey — Basta.
Dadme, hermana, aquesos brazos.

Cabello ¡Válgate el diablo por Vargas!

Dionís Perdonad, infanta hermosa.

Sancha Ya doy por bien empleada
la burla que me hice a mí,
pues sois dueño de mi alma.

(Sale Ramiro.)

Ramiro Vos seáis muy bien venido.

Alfonso Don Ramiro...

Ramiro Doy mil gracias
al cielo, que ven mis ojos
mi contento en esas canas.
[Al Rey.] Gran señor, si amor disculpa,
si me anima tu privanza
y si merece el amor
con que al cielo me levantas
perdón de un yerro amoroso,
sabrás que soy de la infanta
tu prima, del infante hija,
tu tío...

Rey ¿Qué eres? Acaba.

Ramiro Esposo. Dame la muerte.

Rey Los brazos te doy. Levanta.

Dionís ¿Los brazos?

Rey De hermano.

Ramiro ¿Cómo?

Pedro Y mi sobrino.

Ramiro ¿Qué aguarda
mi dicha?

Pedro Llamad aquí
a doña Felipa.

(Sale doña Felipa.)

Felipa Es tanta
mi vergüenza, gran señor...

Pedro Ya vuestra vergüenza tarda.
Don Ramiro es vuestro esposo,
y don Dionís de la infanta
doña Sancha.

Sancha Tus pies beso.

Duarte Si hoy es día de hacer gracias,
a doña Inés te suplico
que me des.

Felipa Inés, mi dama,
será, conde, vuestra esposa.

Rey Y yo prometo dotalla.

Duarte Vivas infinitos años.

Tabaco — Pues que nadie a mí me casa,
Cabello, casaos conmigo.

Pedro — No más enanos en casa.
Dad a Felipa, Ramiro,
la mano en prendas del alma.

Ramiro — Si al buen pagador, señor,
no le duelen prendas, bastan
aquestas para obligarme
a darlas con justa paga,
como en la parte segunda
prometo, si ésta os agrada.

Fin de la comedia

Libros a la carta

A la carta es un servicio especializado para
empresas,
librerías,
bibliotecas,
editoriales
y centros de enseñanza;
y permite confeccionar libros que, por su formato y concepción, sirven a los propósitos más específicos de estas instituciones.

Las empresas nos encargan ediciones personalizadas para marketing editorial o para regalos institucionales. Y los interesados solicitan, a título personal, ediciones antiguas, o no disponibles en el mercado; y las acompañan con notas y comentarios críticos.

Las ediciones tienen como apoyo un libro de estilo con todo tipo de referencias sobre los criterios de tratamiento tipográfico aplicados a nuestros libros que puede ser consultado en Linkgua-ediciones.com.

Linkgua edita por encargo diferentes versiones de una misma obra con distintos tratamientos ortotipográficos (actualizaciones de carácter divulgativo de un clásico, o versiones estrictamente fieles a la edición original de referencia).

Este servicio de ediciones a la carta le permitirá, si usted se dedica a la enseñanza, tener una forma de hacer pública su interpretación de un texto y, sobre una versión digitalizada «base», usted podrá introducir interpretaciones del texto fuente. Es un tópico que los profesores denuncien en clase los desmanes de una edición, o vayan comentando errores de interpretación de un texto y esta es una solución útil a esa necesidad del mundo académico.

Asimismo publicamos de manera sistemática, en un mismo catálogo, tesis doctorales y actas de congresos académicos, que son distribuidas a través de nuestra Web.

El servicio de «libros a la carta» funciona de dos formas.

1. Tenemos un fondo de libros digitalizados que usted puede personalizar en tiradas de al menos cinco ejemplares. Estas personalizaciones pueden ser de todo tipo: añadir notas de clase para uso de un grupo de estudiantes,

introducir logos corporativos para uso con fines de marketing empresarial, etc. etc.

2. Buscamos libros descatalogados de otras editoriales y los reeditamos en tiradas cortas a petición de un cliente.

www.ingramcontent.com/pod-product-compliance
Lightning Source LLC
La Vergne TN
LVHW041336080426
835512LV00006B/476
* 9 7 8 8 4 9 8 1 6 4 8 5 5 *